BESSER LERNEN

Lothar Fiegen

BESSER LERNEN

**Schneller auffassen
Mehr verstehen
Länger behalten**

Das 5-Stufen-Programm

**Mit Aufgaben
und Lösungsmatrix**

Seehamer Verlag

© by Autor und Verlag
Genehmigte Sonderausgabe 1996 für
Seehamer Verlag GmbH, Weyarn
Titelgestaltung: Bine Cordes, Weyarn
Printed in Austria
ISBN 3-929626-92-6

Inhalt

Vorwort

> Der Mensch ist nicht die Summe dessen, was er hat,
> sondern die Gesamtheit dessen, was er noch nicht hat,
> dessen, was er haben könnte.
>
> JEAN-PAUL SARTRE

Es ist überhaupt nichts Falsches daran, etwas nicht zu wissen, aber zu glauben, man wisse schon genug über eine Sache oder gar alles davon, gehört zu den großen Irrtümern unseres Lebens. Es ist der Stoff, aus dem die Arroganz gemacht ist, und es nimmt ein Stück vom Leben weg, beim einen mehr, beim anderen weniger.

Dieses Buch wendet sich an den, der sein Lernen verbessern möchte. Sie werden Ihre Erfahrung bestätigt sehen, daß Vorurteile und Voreingenommenheiten der Wissensaufnahme im Wege stehen, und Sie werden Hinweise erhalten, wie Lernschwierigkeiten überwunden werden können.

Das Buch unterstützt mit Methodenschilderungen, Tricks und Hilfen bei Lernhindernissen. Für den systematisch orientierten Leser gibt es einen 5-Stufen-Leitfaden, der alles aufzählt, was effektives Lernen braucht. Hierbei wird die grundlegende Methode – der Weg zum vollen Verstehen – ausführlich behandelt, während die anderen Methoden und Themen angesprochen und überblickend erläutert werden. Intensive Vertiefung dieser Verfahren erfordert spezielle Literatur oder einschlägige Ausbildungskurse.

Wenn in diesem Buch von Personen die Rede ist – Lernende, Schüler, Lehrer, Betroffene – dann geschieht das in aller Regel in der männlichen Form. Die deutsche Sprache bietet für dieses Problem drei Lösungen an:

- Ständig die Gleichberechtigungsfloskel zu gebrauchen (»Lehrerinnen/Lehrer«),

- das weibliche Geschlecht stellvertretend auch für das männliche aufzuführen, und
- das männliche Geschlecht stellvertretend auch für das weibliche zu nehmen.

Die erste Möglichkeit erschien dem Autor zu langatmig, von der Sache ablenkend. Das zweite könnte den überblickwerfenden Leser (hier geht's schon los!) einen ausschließlich auf Frauen abzielenden Ratgeber vermuten lassen. Die dritte Form, an die wir uns (leider) gewöhnt haben, möchte der Autor hier notgedrungen verwenden, allerdings nicht ohne zu beteuern, sowohl beim Recherchieren wie auch beim Schreiben die weiblichen Aspekte mindestens so berücksichtigt zu haben wie die männlichen.

Damit Sie sich gut zurechtfinden: »Kapitel« werden in diesem Buch die Inhalte unter den großen Überschriften 1 bis 8 genannt, die darunter folgende Gliederung sind »Abschnitte«.

Und nun viel Spaß und Erfolg beim Lesen und Lernen!

1 Habe ich das nötig?

Der Einstieg ins Thema

Lassen Sie uns aus dieser einen Frage zunächst vier machen und darauf Antworten finden:

1. Was ist Lernen überhaupt?
2. Steht das Übernehmen des Wissens von anderen nicht im Widerspruch zu meiner Kreativität?
3. Warum sollte ich mich mit einem Interessensgebiet intensiv befassen?
4. Ist es nötig, über die richtige Lernmethode nachzudenken?

1. Was Lernen überhaupt ist

In einem guten Wörterbuch* steht unter »lernen« zu lesen:

- sich (in bestimmter Weise) Kenntnisse aneignen
- sich durch Üben bzw. Wiederholen einprägen (Gedicht, Sprache)
- Fertigkeiten erwerben (gehen, schreiben, kochen)
- im Laufe der Zeit zu einer bestimmten Einsicht, Haltung, einem bestimmten Verhalten gelangen (verzichten lernen, aus Fehlern lernen)

Das ist der Rahmen, in dem sich die Bedeutungen dieses Wortes bewegen. Genau genommen haben wir dann noch **zwei Arten** des Lernens zu unterscheiden, das unbewußte und das bewußte. **Unbewußt** wird Wissen aufgenommen,

- wenn wir als Kind mit unseren Holzbausteinen spielen und dabei lernen, daß diese Klötze nicht endlos aufgestapelt werden können, ohne umzukippen,
- wenn die Mutter gerade vom dritten Wochenbett aufgestan-

---

* Duden, Das große Wörterbuch der deutschen Sprache – Auszug

den ist und nun den Haushalt so zu organisieren lernt, daß sie alles Notwendige für ihre drei Kinder, den Mann (der hoffentlich hilft) und den Haushalt getan bekommt,

- wenn der Surfer lernt, wie er auf seinem Brett das Gleichgewicht hält,
- wenn das Ehepaar sich anschickt, vom Tage der Pensionierung an den Tagesablauf neu zu gestalten,
- wenn der arbeitslose junge Mann lernt, wie man sich erfolgreich um eine neue Tätigkeit bemüht und wie man seine Tüchtigkeit beweist,
- und schließlich auch, wenn man radfahren oder schwimmen lernt.

In allen diesen Fällen geht es um Erfahrungsprozesse. Der Lernende wird hier selten oder nie auf die Idee kommen, theoretische Grundlagen zu studieren, um sein Ziel zu erreichen oder seine Wünsche zu erfüllen. Man spricht hier auch vom **funktionalen Lernen**.

Bewußtes Lernen dagegen befaßt sich mit den Erfahrungen, die *andere* gemacht und für uns zugänglich gemacht haben. Die Erkenntnisse können von denen, die sie uns vermitteln, wiederum aus anderen Quellen übernommen und möglicherweise weiterentwickelt worden sein. Man lernt Wissen aus zweiter Hand, indem man sich einer Sache annimmt und sie für sich auswertet, um sie zu verstehen und anzuwenden. Genau das bezeichnen wir gemeinhin mit »**Studieren**«. Diese Art des Lernens ist von ganz großer Bedeutung, erspart sie uns doch solche Mühsale wie beispielsweise das Erfinden eines Zahlensystems oder das Entdecken der chemischen Elemente. Wir können statt dessen (fast) da weitermachen, wo andere aufgehört haben.

Geht man an eine neue Sache heran, dann will man wissen, was machbar ist und wie man es macht. Das bekommt man nur durch Lernen heraus.

Lernen im allgemeinen und Studieren im besonderen sind etwas Meßbares. Es gibt ein Endprodukt, an dem man feststellen kann, ob die Ausbildung zu etwas geführt hat, oder nicht. Das ist das Ziel, und das muß man vor Augen haben, sonst ist erfolgreiche Ausbildung überhaupt nicht möglich.

☞ **Etwas lernen heißt: sich ein Stück Information aneignen, um damit eine Wirkung zu erzielen.**

2. Was es mit Lernen und eigener Kreativität auf sich hat

»Statt mich mit den Ideen anderer auseinanderzusetzen, bin ich lieber selbst schöpferisch tätig; meine Kreativität ersetzt das Büffeln.« So mag es aus dem einen oder anderen Munde klingen. Nehmen wir als Antwort darauf als Beispiel das Hobby des Schiffsmodellbaus. Man könnte ohne große Vorbereitung, nur mit dem Bild eines Segelschiffmodells von 1925 in der Hand, mit dem Basteln beginnen. Man kann aber auch erst einmal nachlesen, was es auf dem Gebiet für Bauvorlagen gibt und welche Materialien, Verfahren und Werkzeuge man für die anfallenden Arbeiten heutzutage benutzt.

Daß man die bereits vorliegenden Erfahrungen studiert, bevor man etwas ausübt, heißt ja noch lange nicht, daß man dann nur noch das nachmacht, was andere vorgemacht und beschrieben haben. Im Gegenteil! Wer eine Sache wirklich kennt und weiß, was andere machten und wie sie es anstellten, ist am ehesten fähig, Dinge auf diesem Gebiet selbst weiterzuentwickeln. Er kann Ergebnisse erzielen, die besser sind, als wenn sie (nur) nach dem Lehrbuch gemacht wurden.

Nicht zu lernen hieße, sich von den Erfahrungen und Erkenntnissen anderer abzutrennen. Wer Grundlagen neu erfinden will, wird sich das zum Ziel setzen und damit glücklich werden müssen, wer aber etwas handfestes Neues tun will auf einem Gebiet, der muß die bereits bekannten Grundlagen benutzen. Nur so kann er in neue Bereiche vorstoßen.

☞ **Kreativ sein bedeutet nicht, die grundlegenden Dinge des Themas beiseite zu lassen.**

3. Warum man sich das betreffende Interessensgebiet intensiv vornehmen sollte

Wir leben heute in einem leistungs- und ergebnisorientierten Umfeld – ob wir das nun akzeptieren wollen oder nicht. Um ein Ergebnis zu erzielen, sei es gezwungenermaßen oder aus freien Stücken, müssen wir Fähigkeiten und Leistung einsetzen. Leistungsbereitschaft stützt sich auf Motivation, Fähigkeiten erhält man durch Lernen und Üben. Diese Gesetzmäßigkeiten gelten nicht nur für den beruflichen und geschäftlichen Bereich, sondern auch für all das, was wir in unserer Freizeit und zum Vergnügen tun: den Job im Sekretariat ausfüllen oder ein Tennismatch gewinnen. Wer sich bei seiner Tätigkeit wohl fühlen oder gar Spaß an einer Sache haben will, muß sie beherrschen, und dem Beherrschen geht das Lernen voraus.

Das Wort vom lebenslangen Lernen ist also kein neuzeitliches Programm, sondern eine uralte Lebenspraxis. Wir sind zum Lernen bestimmt, und wenn wir es schon tun müssen, dann sollten wir es mit Verstand angehen und uns mit dem Thema der Wissensaufnahme einmal gründlich auseinandersetzen.

 Vor dem Können steht das Lernen.

4. Weshalb man über die Methode nachdenken sollte

Um sein Ziel zu erreichen, muß man eine brauchbare Methode haben. Stellen Sie sich vor, da wäre der Rauminhalt des menschlichen Körpers zu bestimmen, und einer wollte dieses tun, indem er die gekrümmten Linien vermißt und Formeln aufstellt und berechnet. Eine äußerst komplizierte Sache und ein nahezu unlösbares Problem. Schon vor mehr als 2000 Jahren fand Archimedes dafür etwas Besseres: Er maß die Menge des Wassers, die sein Körper in der Badewanne verdrängte, und hatte das Volumen seines Körpers. Das war eine brauchbare Methode!

Beim bewußten Lernen, also beispielsweise beim Studieren, haben wir uns an bestimmte Verhaltensweisen in bezug auf Wissensaufnahme gewöhnt. Wie das mit den Gewohnheiten aber so ist: sie bieten den Vorteil, daß man nicht mehr viel nachdenken muß und die Dinge automatisch ablaufen. Aber: Manche Handlung oder Handlungsweise mag sich auch eingeschlichen haben, die den Fortgang mehr hemmt als fördert. Hier schlummern bei den meisten von uns wahrscheinlich größere Reserven!

Wer bei sich uneffektive Gewohnheiten dieser Art entdecken und durch sinnvollere Methoden ersetzen würde, hätte einen Gewinn für sich zu buchen. Das allein wäre schon ein Grund, sich einmal mit diesem Thema zu befassen. Doch es gibt weitere Gründe:

Es sind vielleicht neue Methoden entwickelt worden, von denen wir noch nichts gehört haben oder die wir noch nicht näher kennen. Würden wir sie aber in unserem Repertoire haben und anwenden, liefe manches vielleicht besser.

Noch ein Grund dafür, Bescheid wissen zu sollen: Es werden Methoden mit großartigen Versprechungen angeboten, z.B. »Lernen ohne jede Mühe.« – »Englisch in zwei Wochen.« – »Lernen Sie einfach im Schlaf.« Da ist es gut zu wissen, wann welche Methode wirklich ihr Geld wert ist!

 Die Lernmethode ist wie ein Verkehrsmittel. Nehmen wir uns die Freiheit, das Vernünftigste auszuwählen!

2 In fünf Stufen zum Lernerfolg

2.0 Vorbemerkung

Die hier beschriebenen fünf Lernstufen sind weniger eine Doktrin, die es zwanghaft zu verfolgen gilt, sondern eher ein Leitfaden zum effektiven Lernen in verschiedenen Situationen und unter wechselnden Bedingungen. Der vorgeschlagene Weg will Dinge ins Licht rücken, die wir zum großen Teil für selbstverständlich halten und auch beachten, manchmal oder sogar öfter, aber – wahrscheinlich – nicht oft genug.

Für den Lernerfolg – also das Anwendenkönnen des Gelernten – ist es ganz wichtig, daß wir die in diesen Stufen beschriebenen Dinge tun, egal wie viele Stufen es sind und wie wir sie nennen.

Hier die fünf Stufen im Überblick:

Stufe/Inhalt	Abschnitt
1. Lernaufgabe definieren und Lernziel festmachen	2.1
2. Lernmethode und Lernmaterial auswählen	2.2
3. Lernen – aus Informationen Wissen werden lassen	2.3
4. Lernhindernisse überwinden	2.4
5. Gelerntes anwenden	2.5

2.1 Lernaufgabe definieren und Lernziel festmachen

Was will ich lernen?

Zum Lernen brauchen wir ein Thema, denn wir müssen schließlich wissen, womit wir uns überhaupt beschäftigen wollen. Diese Stufe ist uns meist nicht so recht bewußt, zu oft bekommen wir den Stoff einfach vorgegeben (Schule, Studium, Ausbildung, Beruf). Oder das Leben selbst stellt uns die Aufgabe, so werden wir beispielsweise vor einem USA-Urlaub ein wenig unser Englisch auf Trab bringen müssen. Dann befassen wir uns für gewöhnlich mit einer Sache, ohne recht zu merken, daß wir uns damit eine Lernaufgabe gestellt haben.

Aber: Ein undeutlich oder gar nicht definiertes Lernthema kann uns in Schwierigkeiten bringen! Das läßt sich vermeiden, wenn wir uns das Lernthema deutlich bewußt gemacht haben und über seine Abgrenzung keine Zweifel haben. Das wird nämlich bewirken, daß

- anfallende Informationen sich besser bewerten lassen, ob sie zum Thema gehören oder nicht. Das schützt vor dem Abschweifen in Grenzgebiete und vor unnötigem Stoffballast.
  Beispiel: Herr Bitt hat sich einen PC gekauft und will damit Berichte und Artikel für Zeitschriften schreiben. Er lernt intensiv, aber statt sich mit dem Anwendungsprogramm der Textverarbeitung zu befassen, verliert er sich in Einzelheiten des Betriebssystems, die er für seine Aufgabe nicht bräuchte.

- Lernmaterial und Lernmethode für die anstehende Aufgabe sich leichter oder überhaupt nur auswählen lassen. Nur wer weiß, was er studieren will, kann die richtigen Hilfsmittel finden.
  Beispiel: Frau Konrad hat sich entschlossen, ihr Englisch zu verbessern, weiß aber nicht so recht, ob sie sich auf die

Umgangssprache beschränken oder ihr Fachgebiet Medizin mit einschließen sollte. Das macht ihr nun die Suche nach einem geeigneten Kurs ebenso schwer wie den Kauf des geeigneten Wörterbuchs.

☞ | **Frage Nummer 1 lautet: »Auf was will ich hinaus?«**

Wie wichtig Ziele sind

Mit einem Ziel ist hier all das gemeint, worauf sich das Denken und Handeln einer Person richtet. Wir haben keineswegs nur Ziele, die uns bewußt sind. Gerade unsere unbewußten Ziele sind häufig von Gewohnheiten geprägt wie zum Beispiel:

- selbst entwickelte Erwartungen und Wünsche,
- vorgegeben durch Gesetze, Vorschriften sowie ethische Ge- und Verbote,
- eingetrichtert durch erziehende und Autoritätspersonen, oder
- aus dem Trend der Allgemeinheit erwachsend (z. B. Mode).

Diese Kategorie von Zielen arbeitet – zumindest teilweise – aus dem Unterbewußten heraus. Unbewußte Ziele können bewußt gesetzte aushebeln. In aller Regel haben wir es mit einem Gemisch verschiedener Ziele aus verschiedenen Ursprüngen zu tun.

Fragt man Leute nach ihren Zielen, bekommt man häufig Verallgemeinerungen zu hören, beispielsweise:

- »...daß ich nicht krank werde.«
- »...daß einem das Geld nicht ausgeht.«
- »...daß es keinen Krieg gibt und keine Naturkatastrophen.«

Sicher fällt Ihnen auf, daß hier Dinge genannt werden, die die Menschen *nicht* wollen. Man weiß auch gar nicht, wann sie das Erreichen ihres Ziels eigentlich feiern wollen. Eigentlich hätten sie an jedem Tag, an dem nichts dergleichen geschieht, Grund dazu. Es handelt sich also um ein dahinschleifendes, unklares Ziel.

Besser zu greifen sind Ziele wie:

- »Ich studiere fünf Jahre und bin dann Diplomkaufmann.«
- »Ich werde den Führerschein Klasse 3 bis Ende des Jahres haben.«
- »Wir fahren in diesem Sommer an die Adria zum Segeln«

Das Erreichen dieser Ziele kann bewußt erlebt werden. Erinnern Sie sich an das Erreichen eines Ihrer Ziele! Rufen Sie sich die Ereignisse zurück, wo eines Ihrer Ziele erreicht wurde! Waren Freude und Zuversicht nicht um so größer, je wichtiger das Ziel war und je mehr Sie sich anstrengen mußten?

Wenn Ihnen vorwiegend oder ausschließlich Ziele aus Ihrer Kinder- und Jugendzeit eingefallen sind, dann ist das kein Zufall! In diesen Zeiten hat man besonders viele Wünsche und Ziele, und sie sind stark.

Halten wir drei Phasen fest, die hier wichtig sind:

- ein Ziel setzen
- konsequent an der Verwirklichung arbeiten
- mit Erfolg abschließen

Unschwer ist ein Handlungskreislauf zu erkennen, denn hier beginnt etwas, wird etwas durchgeführt und vollendet, danach beginnt etwas Neues. Wollen wir den Lernerfolg nicht dem Zufall überlassen, dann müssen wir uns ein **deutliches Ziel** setzen. Dies sorgt nämlich für die richtige Einordnung in unsere Wertvorstellungen.

Das funktioniert dann folgendermaßen:

- Die mit dem Lernen verbundenen Tätigkeiten werden von uns ständig mit allen anderen Angelegenheiten koordiniert. Bei einem nicht stark genug formulierten Ziel (z. B. zu geringe Priorität oder Belanglosigkeiten) schieben sich immer wieder wichtigere Dinge vor.

Beispiel: Susanne und Klaus haben sich in einer Tanzschule zu einem Kurs angemeldet. Jeden Dienstag ist Stunde, aber immer kommt etwas dazwischen: mal »muß« sie zur Freundin, mal er zum Sport. Die Argumente sind »unwiderlegbar«. Ein schwaches Ziel kann sich also hier nicht durchsetzen!

- Wenn man genau weiß, was man erreichen will, lassen sich die anfallenden Informationen und Wissenselemente leichter dahingehend bewerten und zuordnen, ob sie dem Ziel dienen oder nicht.

  Beispiel: Helmut Altmann schickt sich an, in seinem gerade begonnen Ruhestand Schiffsmodelle zu bauen. Zehn Bücher über Schiffe und vor allem über die Modellbautechniken hat er sich zugelegt. Mit dem Ziel »Schiffsmodelle bauen« fest vor Augen, erkennt er rasch, daß das Kapitel über das Trimmen von Flugmodellen nicht zu seinem Thema gehört. Es würde ihn sehr reizen, weil er das immer schon wissen wollte, aber jetzt geht er erst einmal darüber hinweg.

Je stärker das Ziel, um so mehr wird es unsere Handlungen beeinflussen. Und je mehr die Handlungen auf ein Ziel ausgerichtet werden, desto sicherer wird es erreicht.

Wie macht man ein Ziel aber nun stark? Vergleichen wir dazu einmal zwei Zielsetzungen:

- »Vielleicht mache ich mich später einmal selbständig. Es kommt auf die wirtschaftliche Lage an und auf meine Gesundheit. Es wird sich irgendwie ergeben.«

- »In drei Jahren werde ich mich als Fernsehtechniker selbständig machen. Dazu wird im nächsten Jahr die Meisterschule besucht und ein Buchführungskurs belegt. In zweieinhalb Jahren werde ich imstande sein, eine Wirtschaftlichkeitsberechnung über die Selbständigkeit aufzustellen und dann den Plan der Firmengründung realisieren.«

Sie sehen den Unterschied. Keine Frage, wem man seinen Fernseher eher zur Reparatur anvertrauen würde, nicht wahr? Beim Setzen von Zielen muß man also sehr konkret darin sein, was man sein oder haben will, und wann es geschehen soll. Und man muß sich vorstellen, wie es sich anfühlt, wenn das Ziel erreicht ist.

Wir erreichen das, was wir denken. Deshalb müssen Ziele positiv formuliert sein, damit wir sie uns »gefahrlos« vorstellen können. Wer an Mühen, Schwierigkeiten, Streit und Katastrophen denkt, wird genau das bekommen.

Wenn Sie jemanden als Zielsetzung nennen hören: »Ich will eine Wohnung suchen«, dann empfehlen Sie ihm dringend, »suchen« durch »finden« zu ersetzen. Es ist kaum anzunehmen, daß er nur suchen möchte. Die Formulierung des Zieles, geschrieben, gesprochen oder auch nur gedacht, ist alles andere als eine Nebensache!

☞ **Ein bewußt und positiv gesetztes Ziel ist ein Zugpferd fürs Lernen. Wenn es das Anwendenwollen einschließt, wird gar ein Raketentreibsatz daraus!**

2.2 Lernmethode und Lernmaterial auswählen

Wo bekomme ich die Informationen her?

Zunächst gilt es festzustellen, welche Wissens- und Informationsquellen es für meine Lernaufgabe überhaupt gibt. Ich mache dazu so etwas wie eine Marktanalyse. Das Angebot wird etwa folgende Struktur haben:

	Kurs, Vortrag, Studium
	Computer-Lernprogramm
Träger des Wissens/ der Erfahrung	»Lehre« bei einem »Meister«
	Texte und Darstellungen (Lehrbücher, Nachschlagewerke, Kassetten, CD, Video, Film)
	Lernen beim und durch Tun

Dieser Betrachtung schließt sich gleich die nächste Frage an:

Wie gehe ich vor?

Methode: »Auf einem Regelsystem aufbauendes Verfahren zur Erlangung von Erkenntnissen und praktischen Ergebnissen«*

Es geht also um den Weg, auf dem wir uns unser Lernthema erschließen wollen. Legen wir doch beim nächsten Mal, wenn wir eine Lernaufgabe vor uns haben, unsere alten Gewohnheiten einmal ab! Fragen wir uns, welche Möglichkeiten es denn überhaupt gibt, um das betreffende Lernziel zu erreichen. Hüten wir uns aber davor, beim Aufschreiben gleich zu werten oder etwas beiseite zu schieben, was aus dem Augenblick heraus nicht in Frage zu kommen scheint.

Probieren wir das doch einmal am Beispiel des Lernobjektes Französisch (allgemeine Umgangssprache). An Möglichkeiten gibt es da:

- Kurs am Ort (z. B. Volkshochschule),
- Kurs in dem betreffenden Land,
- Crash-Kurs (z. B. Verständigung in 30 Tagen Vollzeitkurs),
- Computer-Lernprogramm,
- Privatlehrer,
- Freund/Bekannter,
- Lehrbuch,

---

* Duden, Das große Wörterbuch der deutschen Sprache

- Kassetten-/CD-/Videokurs,
- Superlearning
- und natürlich Kombinationen daraus.

Was können mir diese Methoden bieten?

Dazu muß ich die Methoden zunächst ein wenig besser kennen, und darum muß ich mich als Lernender selber kümmern. Soweit es sich um eingeführte Methoden des autarken Lernens handelt, bietet Kapitel 4 dieses Buches einen Überblick und nähere Erläuterungen.

Die auf dem Markt angebotenen Kurse stehen und fallen mit der Lehrkraft: Gutes und weniger Erfreuliches liegen dicht beieinander. Wo immer es sich machen läßt: erst schnuppern, dann belegen! Freunde und Bekannte haben vielleicht mit dem von Ihnen ins Auge gefaßten Kurs Erfahrungen gemacht, die Ihnen Geld und Zeit sparen können.

 Die Methode ist die beste, mit der ich mein Ziel erreiche – sicher und effektiv.

Wie man das passende Lernmaterial auswählt

Eine grobe Einteilung von Lernmaterial wäre: gutes und schlechtes. Gut wäre das wahre, unverzerrte und außerdem vollständige Material. Ursprüngliche Quellen erfüllen diesen Anspruch für gewöhnlich. Ausarbeitungen und Schilderungen von jemandem, der die Sache selbst entwickelt oder erlebt hat, sind in der Regel gute Lernunterlagen. Schlecht dagegen sind Materialien mit Auslassungen oder Fehlern, aber auch Abschweifungen zu Fakten und Informationen, die nicht dem Ziel der Lernaufgabe dienen.

Das Material muß für das, was Sie hier und jetzt lernen wollen, geeignet sein. Der Verfasser des Materials mag an Vorwissen mehr voraussetzen, als beim Leser bzw. Zuhörer vorhanden ist. Oder er beginnt mit den einfachsten Grundelementen zum Thema und langweilt damit jeden, dem das schon geläufig ist. Es kommt also auf die Einstiegsstufe an, aber auch auf die Abstufung der Lerninhalte. Die Sprünge von einer Sache zur anderen können zu steil sein oder auch zu flach.

Es gibt natürlich nicht immer das haargenau zur Lernsituation passende Material. Der Lernende wird mit seiner Lernmethode meist etwas ausgleichen müssen, aber er sollte von vornherein das Material mit dem für ihn günstigsten Schwierigkeitsgrad nehmen.

Wie erkennt man gutes Material, wenn man von einem Gebiet noch nichts oder noch nicht viel versteht?

Einige Anhaltspunkte dazu:

- Schauen Sie auf das Ziel des Verfassers der Materialien. Auf dem Klappentext eines Buches oder im Vorwort nennen Autoren oft die Absicht, die sie mit der Veröffentlichung verfolgt haben. Zwei Beispiele dafür:
  - »Ich möchte mit diesem Buch die reichhaltigen Möglichkeiten der englischen Umgangssprache einem interessierten Kreis von Menschen näherbringen.«
  - »Der Leser dieses Buches soll befähigt werden, sich als Tourist oder Geschäftsmann in England zurechtzufinden und an Gesprächen teilzuhaben.«
  Solche Aussagen ermöglichen bereits eine Vorauswahl. Die passende Zielsetzung allein macht natürlich noch kein gutes Lernmaterial, aber es ist ein nützlicher Anhaltspunkt.

- Hat der Verfasser eigene Erfahrungen auf dem Gebiet, hat er sich praktisch damit auseinandergesetzt oder hat er nur theoretisch gewirkt? Wenn er nur theoretisch gearbeitet hat, woher stammen dann seine Daten? Finden Sie seine Quellen heraus! Wenn er die Daten übernommen hat: die Quellen sind wichtig!

- Fragen Sie Leute, die das Fachgebiet kennen. Ermitteln Sie ursprüngliche Quellen (z. B. in Bibliotheken) und vergleichen Sie das Lernmaterial damit. Im übrigen wird man mit weniger gutem Lernmaterial um so besser fertig, je tiefer man schon in das Fachgebiet eingedrungen ist. Diese Erkenntnis sollte dazu führen, das verwendete Material auch von Zeit zu Zeit noch kritisch zu prüfen.

- Wenn Sie Lernmaterial kaufen wollen, machen Sie vorher eine Leseprobe. Ist es für Sie verständlich? Achten Sie darauf, daß die verwendeten Fachbegriffe im Material selbst (z. B. in einem anhängenden Glossar) oder an anderer Stelle (Nachschlagewerk) erschöpfend definiert sind.
Eine Auswahl geeigneter Wörterbücher der deutschen Sprache findet der Leser im Anhang II.

Faustregeln für die Materialauswahl

 Benutzen Sie soweit wie möglich Quellenmaterial für das gewählte Thema sowie Nachschlagewerke von hohem Standard (umfassende Definitionen mit Beispielen).

 Bevorzugen Sie schriftliches Lernmaterial, es schränkt Mißverständnisse erheblich ein und ermöglicht Ihnen Ihr persönliches Lerntempo.

 Arbeiten Sie, wenn die Quellen in einer für Sie fremden Sprache verfaßt sind, mit einwandfreien Übersetzungen.

☞ | **Wenn man eine Sache gut lernen will, braucht man gutes Lernmaterial.**

2.3 Lernen – aus Informationen Wissen werden lassen

Die Hauptsache!

Auf dieser Ebene werden die Informationen erfaßt und abgespeichert – um es einmal in der Computersprache auszudrücken. Wir tun das mit der Methode und den Materialien, die wir in der vorhergehenden Stufe bereits ausgewählt haben. Und nun gibt es nur zwei gute Gründe, diese Stufe zu verlassen:

- Wir haben unser Ziel erreicht, haben die Lernaufgabe abgeschlossen und gehen zu Stufe 5, dem Anwenden über, oder
- ein Lernhindernis stoppt uns, und dann geht es zunächst zu Stufe 4.

Im Lernprozeß setzen wir folgende Mittel ein:

1. Rationelles Erfassen
2. Geschicktes Verknüpfen und Verankern
3. Bestätigen der Ergebnisse
4. Beobachten der Lernbedingungen und Anzeichen für Lernschwierigkeiten

Werfen wir noch einen genaueren Blick auf die einzusetzenden Mittel:

1. Rationelles Erfassen

Dies geschieht einmal durch die richtige Lesetechnik, also entweder durch

- **selektives Lesen**, wobei die Aufmerksamkeit nur den Passagen gilt, die für das Lernziel wichtig sind, oder
- **mehrfaches Lesen** unter verschiedenen Blickwinkeln (z. B. Überblick – Verständnis des Wichtigen – Erkennen von Zusammenhängen), oder
- **auswertendes Lesen,** wo wir einen eher weitschweifigen Text zu einem aussagekräftigen Extrakt zusammenfassen.

Zum anderen suchen wir beim Lesen unsere Blickspanne so zu erweitern, daß wir größere Textteile mit einem Blick **erfassen** können. Näheres über die Fertigkeit des optimalen Lesens steht in Abschnitt 5.4 zu lesen (»Informationsaufnahme und Gedächtnis trainieren«).

In Vorlesungen und bei Vorträgen werden meist höhere Anforderungen an die Aufnahmefähigkeit des Empfängers gestellt. Abschnitt 5.6 (»Mehr aus Vorträgen und Vorlesungen gewinnen«) gibt Tips für diese Situation.

2. Geschicktes Verknüpfen und Verankern

Das erreichen wir am besten,

* indem wir uns alle unvollständig verstandenen Begriffe und Aussagen bis zum Verstehen klarmachen. Wenn beispielsweise einer auch nur leichte Unsicherheit beim Begriff »Autonomie« verspürt, schaut er sich die Bedeutungen genau an und gebraucht das Wort so lange, bis er sich wirklich sicher fühlt. Abschnitt 4.1 (»Der Weg zum vollen Verstehen«) beschreibt das genau, und
* wir *tun* außerdem etwas mit der gelernten Sache. Stellen wir uns vor, wir müßten die »neue« Sache einem Kind in klaren Worten und einfachen Sätzen erklären. Wir können mit neu hinzugelernten Wörtern Sätze bilden, den Gegenstand anfassen oder die Bedeutung mit Hilfe einer Demonstration näher bringen (vgl. Abschnitt 4.4.4, »Klarheit schaffen durch Demo«).

3. Bestätigen der Ergebnisse

Das tun wir zum Zweck der Selbstmotivation, der bei weit gesteckten Zielen oder beim Lernen im Auftrag anderer oft unumgänglich ist. Wir sollten uns von Zeit zu Zeit bewußt machen, daß uns die zurückliegende Lernarbeit dem Ziel nähergebracht hat, und zwar auch dann, wenn wir Umwege gingen oder Irrtümer vorkamen. Halten Sie also gelegentlich inne und sagen Sie dann zu sich selbst: In diesem Augenblick bin ich klüger als zu Beginn des Lernens!

4. Beobachten der Lernbedingungen und Anzeichen für Lernschwierigkeiten

Unser Augenmerk gilt

* den möglicherweise **verschlechterten Lernbedingungen** (wir bringen sie wieder in Ordnung) und

- den bekannten Anzeichen für ein **Lernhindernis** (das uns vorübergehend zur Lernstufe 4 bringt).

☞ | **Alles, was unsere Produktivität beim Lernen stört, ist ein Lernhindernis und muß überwunden werden.**

2.4 Lernhindernisse überwinden

Schwierigkeiten sind normal

Würde Ihnen jemand eine Lernmethode anbieten mit dem Versprechen, es gäbe damit beim Lernen keinerlei Hindernisse und Schwierigkeiten, dann würden Sie sicher mißtrauisch werden. Zu Recht! Es ist nämlich eine ganz natürliche Sache, daß sich bei der Wissensaufnahme und -verarbeitung Hindernisse in den Weg stellen. Allerdings: Schwierigkeiten dieser Art verlangen nach rascher Lösung. Wer darüber hinweg weitermacht, bekommt wirkliche Probleme, die ihn in aller Regel Energie und Zeit kosten oder ihn gar vom Ziel abbringen. Man wird auch seinem Magen Nahrung zuführen, bevor der Hunger zum Problem wird.

Doch wie sehen sie aus, diese Lernhindernisse, und vor allem, wie erkennt man sie? Um das zu erfahren, müssen wir uns ein wenig näher mit ihnen befassen. Mit diesem Wissen und nach einiger Übung wird es gelingen, Anzeichen für Lernschwierigkeiten zu erkennen und zu deuten. Zum richtigen Abhilfemittel ist es dann nur noch ein kleiner Schritt.

In diesem Abschnitt werden zunächst die Anzeichen dafür, daß eine Schwierigkeit heraufzieht oder vorliegt, übersichtlich zusammengestellt. Ursachen und Abhilfen dazu findet der Leser dann im Abschnitt 7. (»Hilfe bei Lernhindernissen«).

Kehren Sie erst dann zum eigentlichen Lernen zurück, wenn die Schwierigkeit beseitigt und Sie zufrieden mit der Sache sind, damit es nicht schon bald erneut mit dem Fortkommen hapert.

Hinweis: In den nachfolgenden Tabellen wird unter »Lern-hilfe« manchmal auf mehr als eine Lernhilfe verwiesen. Das bedeutet: es kommen alle durch große Buchstaben gekenn-zeichneten Lernhilfen in Betracht, wahrscheinlich ist es die erstgenannte, möglicherweise und mit geringerer Wahrschein-lichkeit die zweite oder auch dritte.

A Schwierigkeiten aufgrund schwacher oder nachlassender Motivation.

Nr.	Reaktion/Erscheinung	Lernhilfe*
1	Gefühl, nicht für sich selbst zu lernen	A
2	Lernen eines Gebietes, Faches oder Lernen überhaupt aufgeben wollen	D
3	allgemeines Desinteresse am Lernen	D, F, A
4	den Glauben haben, das Wesentliche oder alles zum Thema bereits zu wissen; »Da gibt es nichts mehr zu lernen für mich«	J
5	Interesse am Lernen oder am Thema gesunken	D, A
6	den Glauben haben, die Sache nie lernen zu können	J
7	Lernziel hat seinen Sinn verloren	A
8	mit dem Lernen auf Kriegsfuß stehen	D

* Lernhilfen siehe Kapitel 7;
die Reihenfolge der genannten Buchstaben bedeutet: wahrscheinlich trifft die erst-genannte Lernhilfe zu, möglicherweise und mit geringerer Wahrscheinlichkeit die zweite oder auch dritte.

B Lernhindernisse aufgrund methodischer oder organisatorischer Unzulänglichkeiten

Nr.	Reaktion/Erscheinung	Lernhilfe*
9	Weitermachen ist blockiert	I, D
10	Nicht entscheiden können, mit welcher Sache man weitermachen soll	I
11	Gebiet oder Fach wegen komplizierter Fachausdrücke undurchdringlich oder rätselhaft	D, K
12	Die Sache zieht sich endlos hin	D, F, I
13	Feststecken, obwohl »alles« verstanden	K
14	Gefühl haben, die Sache sei zu hoch	D, E
15	Wissenslücken haben	D
16	Manches ergibt keinen Sinn oder es kann nicht wahr sein	D, L, I
17	Gefühl, es werde zuviel vorausgesetzt	E, D
18	bei Vorträgen/Vorlesungen nicht mitkommen	D, M
19	mit Wörterbüchern und Lexika nicht zurechtkommen	N
20	sich fehlgeleitet oder schlecht informiert vorkommen	D, I, L
21	sich nachhaltig gestört fühlen	B
22	den Überblick verloren	I
23	Unterlagen oft/meist nicht finden	B
24	vergessen, wo man was gelesen oder gehört hat	B
25	die Zeit läuft einem weg	B

* Lernhilfen siehe Kapitel 7;
die Reihenfolge der genannten Buchstaben bedeutet: wahrscheinlich trifft die erstgenannte Lernhilfe zu, möglicherweise und mit geringerer Wahrscheinlichkeit die zweite oder auch dritte.

C Beim Lernen aufgetretene geistig-körperliche Reaktionen

Nr.	Reaktion/Erscheinung	Lernhilfe*
26	in gereizte Stimmung geraten	D, A, G
27	Schmerzen in den Augen	G
28	Beharren auf einer Bedeutung, die nicht richtig oder die nicht die einzige ist	D
29	Gefühl der Bewegungslosigkeit haben	G
30	Gefühl haben, sich zu drehen	E, G
31	Aggressivität gegen Lerngebiet oder -thema, Lernmaterial, vermittelnde Person oder gegen das Lernen überhaupt	D
32	Kopfschmerzen oder »schweren« Kopf haben	G
33	Gefühl der Leere oder des Ausgelaugtseins haben	D
34	unbehagliches Gefühl im Magen haben	G, C
35	aufkommende Müdigkeit	D, C
36	sich ausbreitende Nervosität	D
37	sich niedergedrückt fühlen	G
38	nicht bei der Sache bleiben können, abschweifende Gedanken haben	D
39	sich gestreßt oder überfordert fühlen	H
40	Gefühllosigkeit	G
41	verwirrt sein	E, G
42	sich gelangweilt oder unterfordert fühlen	F
43	sich allgemein indisponiert fühlen	C
44	emotionale Blockaden haben gegen irgend etwas im Zusammenhang mit dem Lernen	J
45	sich nicht richtig konzentrieren können	C

* Lernhilfen siehe Kapitel 7;
die Reihenfolge der genannten Buchstaben bedeutet: wahrscheinlich trifft die erstgenannte Lernhilfe zu, möglicherweise und mit geringerer Wahrscheinlichkeit die zweite oder auch dritte.

2.5 Gelerntes anwenden

Wie wir aus Stufe 2 wissen, motiviert das Anwendenwollen (oder -müssen) besonders stark zum Lernen. Nun, am Ende des Lernens sollten wir »den Sack zumachen« und das Gelernte *tun!*

Dabei geschehen wichtige Dinge:

- Wir erfahren, ob das Gelernte tatsächlich stimmt, ob wir damit etwas anfangen können und ob es vollständig ist. Es kann uns passieren, daß wir dann noch einmal einen halben Schritt zurückgehen müssen, um ein Wissensloch zu stopfen. Wenn das vorkommt, dann braucht uns keiner Nachsitzen zu verordnen, denn wir haben selbst ein Interesse daran, die Sache zum Laufen zu bringen.
- Beim Tun prägt sich das Gelernte ein. Es wirkt wie eine Klammer, die es in unseren Speicher »heftet«.
- Abschließendes Tun bestätigt erworbenes Wissen und Können und hinterläßt Wohlgefühl ob des Gewinns.

 | **Nichts geht über Studieren *und* Probieren.**

Wer fühlt sich nach dem Ablegen der Führerscheinprüfung für Motorräder besser: wer anschließend 50 Jahre lang das Bewußtsein hat, es zu können, wenn er nur wollte, oder wer sich anschließend auf ein Motorrad schwingt und einen Ausflug macht?

Das Plädoyer für den Aspekt des Anwendens sei keinem Geringeren als Goethe überlassen:

 | **»Es ist nicht genug, zu wissen, man muß auch anwenden; es ist nicht genug zu wollen, man muß auch tun!«**

3 Mehr über das Vorbereiten

3.1 Der »Täter« braucht ein Motiv!

Wozu lernen wir?

Bis zum heutigen Tag hat jeder von uns bereits sehr, sehr viel gelernt. Das erste war wohl der Trick, mit dem wir als Baby Aufmerksamkeit erregten: Schreien.

Man muß seinem Körper die Speisen nicht unbedingt kultiviert mit Stäbchen oder Messer und Gabel zuführen, um ihn mit Nahrung zu versorgen, aber ohne ein gewisses »Gewußt wie« geht gar nichts. Und: Es mag in unserem Leben Momente ernster Krankheit gegeben haben, in denen wir lebensbedrohenden Umständen fast erlegen sind, vielleicht war es eine gefährliche Kinderkrankheit. War es nicht auch eine Art Lernprozeß, bei dem der Körper gelernt hat, mit großen Problemen fertig zu werden?

☞ | **Lernen hat offensichtlich etwas mit dem Erhalten des Lebens zu tun.**

Um das Leben nicht nur zu erhalten, sondern nach eigenen Bedürfnissen, Wünschen und Sehnsüchten gestalten zu können, brauchen wir ein Mehr an Fähigkeiten – und die werden ebenfalls durch Lernen erworben. Ob es dabei um eine Existenzgrundlage (z. B. Handwerkerlehre) geht, der Lebensstandard gesteigert werden soll (z. B. Wissen für eine Nebentätigkeit) oder ob neue Verhaltensweisen angestrebt werden (z. B. Wissen und Erkenntnisse über die Umweltproblematik): ohne Lernen ist kein Fortkommen möglich.

☞ | **Lernen dient also auch dazu, sich Wünsche zu erfüllen.**

Lernen und Lebensqualität

Kann man die Verwirklichung von Wünschen mit »Lebensqualität« gleichsetzen? Das Wörterbuch* sagt uns:

Lebensqualität: »durch äußere Umstände und seelisch bedingtes Lebensgefühl«.

In jüngerer Zeit ist »Lebensqualität« eher als politisches Schlagwort benutzt worden, wobei vorwiegend die Absicherung der sozialen Bedürfnisse gemeint zu sein scheint. Um den in diesem Buch gemeinten Sinn besser zu verstehen, müssen wir nun auch »Qualität« definieren:

»Art, Beschaffenheit, Brauchbarkeit; Sorte, Güte, Wertstufe; Eigenschaft, Fähigkeit usw.«**

Wenn Sie in diesem Buch etwas von Lebensqualität lesen, dann ist damit eine Güte gemeint, und zwar die Güte der Dinge, die wir uns bemühen zu vollbringen: die Statue des Bildhauers, das Mittagessen des Hausmanns, die Wiedergabe eines Violinkonzertes, das Verhalten des englischen Butlers, die Haltbarkeit eines Autoreifens, das Abschlußexamen des Ingenieurstudenten. Das sind Produkte, ideelle und materielle, die zu erschaffen ein Ziel und deren Erschaffung ein Gewinn an Qualität ist, eben an Lebensqualität.

☞ | **Lebensqualität ist also das Ausmaß, in dem ein Mensch seine Ziele und Wünsche verwirklichen kann.**

Ganz wichtig ist es, etwas zu unternehmen, um seine Ziele zu erreichen. Dabei ist es keine Nebensache, wieviel Leistung und Anstrengung dazu nötig waren. Der Bergsteiger, der nach mehrstündigem Anstieg den Ausblick vom Gipfel genießen kann, tut es sicher zufriedener als jener, der mit der Seilbahn hochgekarrt wurde.

---

* Mackensen: Großes Deutsches Wörterbuch
** Wahrig: Deutsches Wörterbuch

Die höchste, nicht mehr zu überbietende Qualität wäre dann gegeben, wenn einem jede Unternehmung gelänge. Dieses Maximum an Lebensqualität ist ein sternhohes Ziel, das nicht greifbar ist. Aber wir können dem in Schritten näher kommen. Je wichtiger uns das Ziel und je kräftiger unsere Anstrengungen sind, um so energischer wird ein solcher Schritt. Glück und Wohlbefinden sind zudem nichts Stabiles: sie müssen ständig neu erschaffen werden.

»Glück als Folge von Anstrengungen? – Bergsteiger auf dem Gipfel – ja! Aber sonst?« – »Ich bin doch zufrieden, weil ich es geschafft habe in Beruf und Privatleben, wozu soll ich mich dann noch abrackern?« – »Freizeit ist nur zum Erholen da!« – »Man soll doch den Berufsstreß nicht durch Freizeitstreß ersetzen!«

Das sind einige Meinungen zum Thema der aktiven Freizeitbeschäftigung, die uns immer wieder zu Ohren kommen. Wenn Sie zu beurteilen haben, ob eine Anstrengung übertrieben oder gerechtfertigt ist, dann lassen Sie sich von Ihrer eigenen Erfahrung leiten. Die Entscheidung darüber, ob der Einsatz lohnt oder nicht, fällt in Ihre Kompetenz!

☞ **Lernen befähigt, neue Ziele zu erreichen, es steigert den Wert des Lebens und damit das persönliche Glück und Wohlbefinden.**

Einstellung zum Lernen

Wenn einer schon alles besitzt, was er je begehrt hat, dann wird er sich kaum noch etwas anschaffen wollen. Genauso ist es mit dem Lernen: Wer glaubt, daß er bereits alles kennt, was es von einem Thema zu wissen gibt, wird denken: »Wozu sollte ich noch etwas lernen?« oder »Was sollte es denn da noch für mich zu lernen geben?«

Da ist Herr Drehberg, der Metallarbeiter. Seit fast 30 Jahren baut er Vorrichtungen, mit denen kleine Blechteile in die gewünschte Form gebogen werden. Er weiß, wie man auf ein Hundertstel Millimeter genau Löcher in Metall bohrt, wie man Konturen glättet, wie man Stahl härtet und wie man Metallteile zusammenfügt. Er versteht sein Handwerk, ist angesehen, wird in schwierigen Situationen um Rat gefragt, er bildet junge Leute aus. Er, der Fachmann, sollte auf diesem Gebiet noch was lernen können?

Die Redewendung »Man lernt nie aus« ist ihm geläufig, ja, er hat auch schon das Schlagwort vom »Long-life-learning« gehört, aber diese Weisheiten nie auf sich und seinen Beruf bezogen. Er steht auf dem Standpunkt, daß er über diesen Zweig der Metallbearbeitung alles oder zumindest alles Wesentliche weiß, und das hindert ihn daran, wirklich mehr darüber in Erfahrung zu bringen.

Mit diesem Mehr sind hier nicht einzelne Kniffe oder Tricks gemeint, sondern elementare Dinge, die es auf diesem Gebiet zu wissen gibt. In seinem Fachgebiet stößt Herr Drehberg zwar hin und wieder auf Dinge, die er sich nicht so recht erklären kann. Auf den anderen Seite steht aber unverrückbar sein Erfolg. Er wird ständig bestätigt für erbrachte Leistungen und Ergebnisse und für gemeisterte Probleme. Dies hat ihn einen Schutzwall errichten lassen gegen alles, was seinen Ruf als dem, der alles weiß, schaden könnte. In bezug auf Hinzulernen heißt das: kein echtes Interesse, keine Notwendigkeit und keine Bereitschaft. Blockade!

Ein anderes Beispiel: John Konrad fährt Autorennen. Er ist gut, und man traut ihm eine erfolgreiche Karriere in diesem Sport zu. Nach seiner Überzeugung ist Rennfahren eine Sache des Gefühls, der Reaktionen und der Risikobereitschaft. Theoretische Grundlagen über Massebeschleunigung, Haftreibung und Auftrieb sind ihm fremd. Wenn Techniker in seinem Team darüber reden, interessiert ihn das nicht. Für ihn zählt das praktische Ergebnis, und das versteht er in hervorragender Weise zu nutzen.

Lange, nachdem er sich aus dem aktiven Rennsport zurückgezogen hat, kommt eines Tages seine Tochter mit Schulaufgabenproblemen zu ihm. Mit vereinten Kräften lösen Vater und Tochter eine physikalische Aufgabe, bei der es um kreisförmige Bewegungen und Fliehkräfte geht. Und plötzlich ist da eine gedankliche Verbindung: »Drehbewegung – Kurvenkrümmung – Fliehkraft – Grenzgeschwindigkeit eines Fahrzeugs«. Da wäre doch noch etwas gewesen, das man als Rennfahrer hätte wissen und verstehen können! Nicht, daß es seine Autos noch schneller gemacht hätte, aber er hätte das gesamte Gebiet des Rennfahrens besser im Griff gehabt, er wäre souverän gewesen.

Natürlich befassen sich »allwissende« Fachleute hin und wieder doch einmal fragend mit ihrem Fachgebiet, ohne aber das Grundlegende anzutasten. Diese Leute halten dann meist lediglich Ausschau nach Tricks und Kniffen, mit denen sie ihren Arbeitseinsatz erleichtern können. Das wird ihnen möglicherweise auch etwas bringen, aber sie gelangen dadurch noch nicht zum professionellen Tun. Es mag auch sein, daß sie über ihr Thema lediglich etwas hören oder lesen, um »informiert« zu sein. All dem liegt aber allzuoft die Einstellung zugrunde: hierüber weiß ich eigentlich schon alles. Da ist in aller Regel eine betonstarke Arroganz im Spiel.

Diese Menschen stehen auf der Lernbremse. Glücklicherweise haben Kinder mit dieser Barriere am wenigsten zu tun. Ihre Umwelt zeigt ihnen ständig, daß sie noch nicht genug wissen, um alle auftretenden Schwierigkeiten zu lösen. Da sie ihre Lösungen selber finden wollen und sich durchzusetzen trachten, lernen sie begierig.

Wer lernt, darf keine Scheuklappen tragen. Das Gefühl, genug zu wissen, täuscht eine Sicherheit vor, die es nicht gibt.

 | **Lernen hat etwas mit Neugierde zu tun, mit dem Willen, mehr zu wissen.**

Mit der Einstellung, genug oder gar alles zu wissen, kann man zwar ein Urteil fällen. Die Grundlage ist aber ziemlich starr und kann leicht zur fixen Idee werden. Bereitwilliges Aufnehmen neuen Wissens und dessen Anwendung – ständig aufs neue praktiziert – macht erst den Profi.

Der Profi arbeitet nach dem Lehrbuch – und ein entscheidendes bißchen besser. Er kann mit seinem Verständnis der Grundlagen neue Ideen hineinbringen. Zwischenfälle und Veränderungen werfen ihn nicht aus der Bahn, er wendet sie zu seinem Vorteil, statt ihr Opfer zu werden. Er ist in der Lage, auf seinem Gebiet wirkliche Fortschritte zu machen. Das kann weder der reine Praktiker noch der überzeugte Theoretiker. Dem ersten fehlen die Grundlagen, während der letztere die Sache nicht in die Tat umsetzen kann.

Um ein echter Profi zu werden, muß man nicht alle Prozesse wiederholen, die auf diesem Gebiet bereits getan worden sind. Einem professionellen Fotografen zum Beispiel wird nicht abverlangt, eigenhändig Filme herzustellen. Er muß aber eine Ahnung davon haben, daß und wie es gemacht wird.

Woran erkennt man, daß man ein Profi geworden ist? Wenn man eine Sache fachmännisch und leicht tun kann, und wenn man dazu nur so viel Anstrengung braucht, um die Dinge gerade eben zu bewerkstelligen, nicht mehr und nicht weniger, dann hat man es geschafft. Aber nur für den Bruchteil einer Sekunde. Wer sich jetzt ausruht, ist schon kein Profi mehr!

Jeder, vom Schüler bis zum Experten, braucht zum erfolgreichen Lernen die folgende Grundeinstellung: »Es gibt auf diesem Gebiet noch etwas zu lernen, das ich jetzt noch nicht weiß, aber sicher bald gebrauchen kann.« Diese Grundregel gilt für alle ohne Ausnahme, auch für die, die eine grundlegende und weitgehende Ausbildung hinter sich haben.

☞ **Lernbereitschaft bedeutet, eine gewisse Unsicherheit zuzulassen, also die Anwesenheit von (Noch-) Nichtwissen.**

Fixierte Meinungen gegen Motivation

Solange fixierte Meinungen im Spiel sind, gibt es keine echte Urteilskraft. Dazu ein Beispiel:

Kerstin hat bereits zweimal im Urlaub Pech mit ihrem Fotoapparat gehabt. Er funktionierte weder in Rom noch auf Mallorca, während sie aus Hamburg und Stockholm hervorragende Bilder mitgebracht hat. Eine fixierte Meinung, die sich hier einschleichen könnte, wäre: Fotoapparate streiken, wenn man sie im Süden benutzt, sie können sicher die Temperaturen dort nicht vertragen.

In Wahrheit hatte sie zweimal vergessen, nach dem Einlegen des Films auf einen bestimmten Knopf zu drücken. Ihr Fotohändler schaffte es glücklicherweise, ihre fixierte Meinung über die Funktionsunfähigkeit von Fotoapparaten in südlichen Ländern aufzulösen.

Wie wichtig die Bereitwilligkeit zum Lernen ist, können wir auch an folgender Beobachtung erkennen, die der eine oder andere sicher schon mal gemacht hat. Gemeint sind Leute, die aus dem Lernalter herausgewachsen zu sein glauben. Das systematische Erfassen neuen Wissens, also das Studieren, wird von ihnen als eine ausschließliche Sache der Heranwachsenden betrachtet. Für solche Menschen mag es gar »unter ihrer Würde« sein, Wörterbücher, Lexika oder Lehrbücher selber in die Hand zu nehmen. Schade! Es könnte überraschend ergiebig sein. Hier wäre eine entspanntere, weniger arrogante Haltung besser, beispielsweise die: »Vielleicht finde ich ja doch Interessantes, jetzt schau ich erst mal nach!«

> ☞ **Die Motivation zum Lernen wird lebendig durch Ziele.**

Faustregeln

 Machen Sie aus einer äußeren Motivation (z. B. weil die Mitlernenden oder die Lehrer so nett sind, wegen der besseren Note oder als Maßnahme zugunsten des beruflichen Fortkommens) eine innere Motivation (tatsächliches Interesse an der Sache)!

 ♦ Binden Sie den Lerninhalt an ein Ziel (indem Sie zum Beispiel den Englischunterricht an einen London-Ausflug knüpfen). Damit läßt sich der Reiz, ein bestehendes Problem lösen zu wollen, nutzen.

 ♦ Verbinden Sie Lernen mit irgendeiner Form von Bewegung. Veränderungen fesseln unsere Aufmerksamkeit, egal ob sie Personen, Sachen oder Handlungen betreffen.

☞ **Zum Lernen brauchen wir ein Motiv. Das fällt nicht vom Himmel, wir müssen es uns bewußt machen, modifizieren oder gar erst schaffen.**

3.2 So schafft man günstige Lernbedingungen

Was gehört dazu?

Ein Ergebnis zu erbringen, fordert in der Regel vorweg eine Leistung, die wiederum setzt Arbeit voraus. Im Umfeld von Arbeit und Leistung herrschen Bedingungen. Das gilt für alles, also auch fürs Lernen. Das Erreichen eines Lernziels kann eine große Leistung erfordern oder eine kleinere.

Damit die Leistung nicht schon dadurch aufgezehrt wird, mit ungünstigen Lernbedingungen fertig zu werden, sollten wir uns die Frage stellen: »Wie kann ich die bestmöglichen Bedingungen für die anstehende Lernaufgabe schaffen?«

Hier soll nun von den wichtigsten Dingen, die effektives Lernen erleichtern oder gar erst ermöglichen, die Rede sein:

1. Lernumgebung
2. Kondition
3. Konzentration
4. Zeiteinteilung

Hierzu einige Erläuterungen:

1. Lernumgebung

Sofern der Ort des Lernens bestimmt und beeinflußt werden kann, sollte er soweit wie möglich lernbegünstigend gestaltet werden. Er wäre ideal, wenn folgende Anforderungen erfüllt werden:

- Gesunder, gut beleuchteter Arbeitsplatz (Tisch und Stuhl passend; ausreichend Licht auf das Lernmaterial, nicht in die Augen)
- Griffbereites Lernmaterial (nicht unbedingt im Sitzen greifbar, aber übersichtlich aufbewahrt und leicht auffindbar)
- Genügend große Arbeitsfläche für das aktuelle Material (mindestens drei DIN-A4-Flächen)
- Griffbereites Schreibzeug für Notizen und Markierungen
- Zusätzliche Ablagefläche für Parallelmaterial (mindestens drei DIN-A4-Flächen)
- zusätzlich eine Arbeitsfläche zum Bearbeiten von Nachschlagewerken und sonstigem Definitionsmaterial (ideal: Stehpult)
- Gute Belüftbarkeit des Arbeitsraumes
- Blick durch das Fenster möglich (um die Augen von Zeit zu Zeit auf entfernte Punkte richten zu können).

2. Kondition

»Ein voller Bauch studiert nicht gern«, so lautet eine alte Regel. Doch nicht nur das »Wann«, sondern auch das »Was« des Essens und Trinkens beeinflußt den Lernprozeß. Welche Nahrung das Lernen begünstigt und welche eher hindernd wirkt, sollte persönlichen Überlegungen und Tests vorbehalten bleiben. Hier soll nur bewußt gemacht werden, daß die Ernährung nicht gleichgültig ist beim Lernen, aber auch, daß sich die Einnahme von Drogen in aller Regel negativ auf das Lernen auswirkt, sei es Alkohol, Tabletten (insbesondere Tranquilizer) oder gar Rauschgift. Lernbeschleuniger aus der Pillenschachtel haben ebenso ihre Nebenwirkungen wie (angeblich) konzentrationsfördernde Medikamente, wie sie von einigen Ärzten heutzutage sogar den Kindern schon verschrieben werden.

Noch eine alte Regel: Bewegung fördert die Durchblutung, auch des Gehirns. Da wir dieses dringend zum Lernen brauchen, sollten wir uns diese Weisheit zu Herzen nehmen und entsprechend ausgefüllte Pausen machen.

3. Konzentration

Wörtlich heißt das natürlich: »Auf einer Mitte sammeln«. Im Zusammenhang mit dem Lernen wird darunter die Fähigkeit verstanden, seine geistigen Kräfte auf die Lernaufgabe zu richten. Das geschieht durch aufmerksames Beobachten und aktives Zuhören. Und so kann das positiv beeinflußt werden:

- Abschirmung gegen Reizüberflutung und Störungen (Geräusche, Personen, Geräte), soweit das geht.
- Desensibilisierung (innere Abschirmung) gegen Störungen (andernfalls wäre das Arbeiten in einem Großraumbüro oder das Lesen in einem öffentlichen Verkehrsmittel gar nicht möglich).
- Natürliches Atmen und zwischenzeitliche Bewegung (Pausen, Aufstehen, gymnastische Übungen).
- Entschärfen oder Lösen von gegenwärtigen, belastenden Problemsituationen (Familie, Beruf, Freundes- und Bekanntenkreis).
- Entspannung (vor Beginn des Lernens und auch als begleitende Methode*); bewirkt auch Desensibilisierung.

---

* siehe Abschnitt 4.3 (»Lernen auf Basis besonderer Entspannung«)

- Eine positive Einstellung zum Lerninhalt (von wichtigen Dingen läßt man sich schwerer abbringen, interessante Dinge fliegen einem zu). Siehe hierzu auch Abschnitt 3.1 in diesem Kapitel.

4. Zeiteinteilung

Eine clevere Zeiteinteilung macht Lernen effektiver. Wer sich allzusehr auf das Improvisieren verläßt, läuft Gefahr, den Überblick zu verlieren. Er vertut viel Zeit damit, erledigte und unerledigte Dinge zu sortieren. Das kann dem »Planer« nicht passieren, solange er nicht übertreibt. Die Regeln dazu lauten:

- Wo die Freiheit dazu gegeben ist, sollte die Aufgabe strukturiert und in ihrer zeitlichen Abfolge vorgedacht werden.
- Wichtig kann es auch sein, die Tageszeit Ihrer größten Aufnahmefähigkeit zu kennen und für »dicke Brocken« zu nutzen.
- Schließlich sind die Pausen, wie früher schon erläutert, nicht zu vergessen. Ununterbrochener Einsatz ist weniger effektiv als schwungholende Verschnaufphasen.

 Wir lernen effektiver mit einer guten Vorbereitung.

3.3 Die »außergehirnliche« Wissensverwaltung

Wissen einfach »auslagern«

»Man braucht nicht alles zu wissen, man muß nur wissen, wo es steht!« Auf diese Weisheit stützt sich dieser Abschnitt. Wie wichtig diese Erkenntnis ist, merkt man meist erst, wenn man schon tief in der Materie steckt und sich sagt: »Ach, darüber habe ich schon mal was gehört oder gelesen, aber wo war das noch?« Das Entdecken und Heben des jetzt benötigten Wissens raubt Zeit und Energie, bleibt manchmal gar erfolglos. Wie vermeidet man solche Hürden?

Die Antwort kann lauten: »Expertensystem«. Dieser hochtrabende Begriff ist bei den wissenschaftlichen Datenbanken, in denen alle Erfahrungen zu einem Thema gespeichert und logisch miteinander verknüpft werden, entliehen. Es soll hier nicht geklärt werden, ob diese Supersysteme jemals die Fähigkeit menschlichen Denkens auch nur annähernd erreichen können, aber sie können als Vorbild für die Verwaltung umfangreichen Wissensmaterials zu der von uns betriebenen Sache dienen. Wir können uns danach ein »Systemchen« für unseren wesentlich bescheideneren Bedarf schneidern.

Oftmals begegnen wir auf unserem Lernweg Dingen, die wir im Moment nicht genauer wissen müssen und der Zielstrebigkeit wegen auch gar nicht jetzt und hier behandeln sollten, aber die Sache könnte später einmal wichtig werden und muß dann vertieft werden. Oder wir müssen uns beim Lernen für einen bestimmten Weg oder eine Betrachtungsvariante entscheiden, wir tun es und fragen uns nach einer Weile, warum wir so oder nicht anders gehandelt haben.

Zwei Beispiele dafür, wie sich die Mühe einer »außergehirnlichen« Wissensverwaltung schnell lohnen kann.

- Ein 56jähriger Ingenieur will sich gründlich auf seinen Ruhestand vorbereiten und sammelt alles an Informationen, was er über dieses Thema bekommen kann. Menge und Vielschichtigkeit des Materials wachsen ihm schließlich über den Kopf. »Ich hätte das gleich systematisch anfangen sollen«, denkt er. Ein kleines Expertensystem hätte ihm hier helfen können.

- Monika Winklers Hobby ist das Bergsteigen. So an die 50 Gipfel hat sie schon »gemacht« in ihrem Leben. Wenn sie doch nur wüßte, wie das damals in der Kampenwand war! Dann könnte sie sich jetzt optimal vorbereiten auf die bevorstehende Tour dorthin. Eine simple Kartei würde ihr diese Informationen liefern können.

Das Organisationsmittel für dieses Vorhaben kann in einfachster Form ein Blatt Papier sein oder eine gute alte Kartei, am besten natürlich aber ein Computer. PCs mit ihren brillanten Fähigkeiten des Verknüpfens und Sortierens werden heutzutage zu wirklich erschwinglichen Preisen angeboten, so daß diese Idee selbst dann ins Kalkül gezogen werden sollte, wenn Sie bisher noch kein Computerbesitzer sind.

Wie das Ganze funktioniert

Das aktuell vorliegende Material wird beim Studieren extrahiert, die wichtigsten Stichworte erfaßt man so, daß man sie überblicken kann (Papierblatt) oder sie für das Sortieren und Auswerten nutzen kann (Kartei/Computer). In der Komfortlösung entsteht ein Datensatz pro Erfahrungsmodul, in dem kennzeichnende Stichworte und natürlich die Quelle sowie ggf. der Standort genannt werden. Mit modernen PC-Programmen lassen sich die so gespeicherten Angaben nach Stichworten absuchen und anzeigen.

Beispiel: Es wird angenommen, daß jemand sich mit dem Thema »Arbeitslosigkeit« intensiv befaßt. Er »protokolliert« die Erkenntnisse eines Tages in folgenden Datensätzen:

Nr.	Tag	Sache	Quelle
123	23. 5. 95	Arbeitslosengeld-Anspruch; Anspruchsvoraussetzungen; Krankenversicherung, Pflege-versicherung, Unfallver-sicherung, Rentenversiche-rung; Leistungsbezug	Merkblatt für Arbeitslose, Bundesanstalt für Arbeit, 4/95
124	23. 5. 95	Bei Arbeitslosigkeit erfolgt Krankenversicherung durch Arbeitsamt automatisch	Aktennotiz/Info von Personal-abteilung/ Frau Ems
125	23. 5. 95	Krankenversicherung ruht während Leistungsunter-brechung bei Arbeitslosigkeit	Kollege Müller/ Aktennotiz
126	23. 5. 95	Krankenversicherung der Rentner	Merkblatt der BfA 6/93

Diese Daten stehen nun zusammen mit früheren in der Daten-bank. Wird diese nun abgefragt nach allen Datensätzen, in deren Text zur Sache sowohl der Begriff »Arbeitslos« als auch »Krankenversicherung« vorkommt, so wird sie die be-treffenden Datensätze aufzeigen:

Nr.	Tag	Sache	Quelle
83	12. 1. 94	Private <u>Krankenversiche-rung</u> bei <u>Arbeitslosigkeit</u> sinnlos	Tageszeitung Nr. 6/94, Seite 22
123	23. 5. 95	<u>Arbeitslosen</u>geld-Anspruch; Anspruchsvoraussetzungen; <u>Krankenversicherung</u>, Pflegeversicherung, Unfall-versicherung, Rentenver-sicherung; Leistungsbezug	Merkblatt für Arbeitslose, BA für Arbeit, 4/95
124	23. 5. 95	Bei <u>Arbeitslosigkeit</u> erfolgt <u>Krankenversicherung</u> durch Arbeitsamt automatisch	Aktennotiz/Info von Personal-abteilung/ Frau Ems
125	23. 5. 95	<u>Krankenversicherung</u> ruht während Leistungsunter-brechung bei <u>Arbeitslosigkeit</u>	Kollege Müller/ Aktennotiz

Am besten dürfte es sein, mit einem oder wenigen Stichwör-
tern anzufangen und sich an den Komfortbedarf heranzuta-
sten. Im Laufe der Zeit wächst dann das Vertrauen in diesen
»externen Speicher«, und man kann sich mehr auf das im
Augenblick Wichtigere konzentrieren.

> **Ein von uns initiierter und kontrollierter externer
> Speicher kann den Umfang des abrufbaren Wis-
> sens ungemein steigern.**

4 Die Methoden und ihre Auswahl

4.0 Vorweg ein Überblick

Hier erfährt der Leser zunächst, wie die in diesem Buch beschriebenen Methoden gegliedert sind. Als grundlegendes Verfahren wird als erstes die klassische Methode ausführlich erläutert:

Methode	*siehe*
Studieren der anerkannten Quellen in geschriebenem Wort, Bild und Ton. Dazu gehört ein zweifelsfreies Verstehen der verwendeten Begriffe und Darstellungen. Ebenso eingeschlossen ist das durch Üben bestätigte Anwendenkönnen des Gelernten.	Abschnitt 4.1

Zunehmend wird heutzutage nach Programmen gelernt, sei es mit oder ohne Computereinsatz. In diesem Buch werden behandelt:

Programmiertes Lernen	Abschnitt 4.2.1
Lernen mit Hilfe des Computers	Abschnitt 4.2.2

Auf der Suche nach besserem und leichterem Lernen wurde bereits vor Jahrzehnten die Entspannung als besonders förderlich erkannt. Aus den daraus entwickelten Methoden hat sich vor allem für das Erlernen einer Sprache ein Verfahren gut etabliert:

Superlearning	Abschnitt 4.3.1

Weniger bekannt sind einige weitere Methoden auf der Grundlage der Entspannung. Sie werden in diesem Buch kurz charakterisiert:

Lernen im Schlaf	Abschnitt 4.3.2
Bio-Feedback Mind machines Megabrain Technologie Subliminale Lernbeeinflussung Lernen im Tank	Abschnitt 4.3.3
Und Hypnose?	Abschnitt 4.3.4

Ein eigenes Kapitel ist methodischen Tricks gewidmet:

Auswendiglernen	Abschnitt 4.4.1
Mind-mapping	Abschnitt 4.4.2
Gedächtnisstützen und Merktechniken	Abschnitt 4.4.3
Klarheit schaffen durch Demo	Abschnitt 4.4.4
Metaphern	Abschnitt 4.4.5

Schließlich werden Techniken zur Steigerung der Lerneffektivität dargestellt:

Wiederholen	Abschnitt 5.1
Prüfungssituationen beherrschen	Abschnitt 5.2
Schwachstellen gezielt ausmerzen	Abschnitt 5.3
Informationsaufnahme und Gedächtnis trainieren	Abschnitt 5.4
Vokabeln besser lernen	Abschnitt 5.5
Mehr aus Vorträgen und Vorlesungen gewinnen	Abschnitt 5.6

 Die mitgelieferten Erläuterungen erleichtern die Auswahl aus diesem Angebot.

4.1 Der Weg zum vollen Verstehen

4.1.1 Begriffe richtig begreifen

Von den Tücken der Lücken

Um einen geschriebenen oder gesprochenen Satz ganz verstehen zu können, muß man den Sinn der verwendeten Wörter kennen. Ist das nicht der Fall, dann könnte man das Ergebnis auf diese Formel bringen:

> ☞ **Wort nicht kapiert – Satz nicht verstanden – Text im Nebel**

Ein Beispiel:

Herr Richter liest einen Wirtschaftsbericht der Maschinenbauindustrie. Darin kommt das Wort »Kooperation« vor. Vor Jahren hat er es zum ersten Mal gehört, als seine Firma zusammen mit einem anderen Unternehmen ein gemeinsames Verkaufsbüro in Japan eröffnet hatte. Für ihn bedeutet es seither: gemeinsam etwas eröffnen. In dem jetzt vorliegenden Text ist von einer Art Zusammenarbeit die Rede, nicht aber von einer Geschäftseröffnung. Herr Richter ist verwirrt. Gähnend legt er den Bericht nach einer Weile beiseite.

Hier haben wir es mit einem Mißverständnis zu tun. Herr Richter bemerkt das aber nicht, weil er ja nicht weiß, daß mit seinem Verständnis dieses Begriffs etwas nicht stimmt. Statt dessen liest er weiter, aber schon bald ergibt der Text für ihn keinen rechten Sinn mehr. Er findet den Bericht unklar, falsch, konfus und eigentlich ermüdend. Vielleicht wird er am Ende kritisch und feindselig gegen den Autor oder sonst etwas, das mit dieser Sache zu tun hat.

Wo diese Erscheinungen auftreten, ist entweder der Text tatsächlich konfus, oder es wurde über ein nicht richtig verstandenes Wort hinweggelesen. Schauen wir uns das noch etwas genauer an!

Nehmen wir einmal an, der Lernende hört einen Satz deutlich, und er kennt die passende Definition aller Wörter in dem Satz: »Diese Blume wächst nur an verstohlenen Stellen im Wald.« Er wird ihn voll verstehen.

Anders, wenn der Lernende ein Wort nicht kennt. Er hat zum Beispiel »verstohlen« noch nie gehört oder gelesen und bekommt den Sinngehalt des Satzes nun nicht mit. Dieser Fall von Nichtverstehen hat ein besonderes Merkmal: Der Lernende *weiß,* daß er das Wort nicht kennt, denn er stolpert im Moment des Lesens darüber. Auch dann, wenn einer die Bedeutung nur im Moment nicht weiß, das Wort nicht entziffern kann oder nicht richtig gehört hat, haben wir dieselben Verhältnisse: Es gibt ein Nichtverstehen, das dem Lernenden gleich **bewußt** wird.

Andere Erscheinungsformen mangelnden Verstehens

Zwischen dem vollen Verstehen und dem **bemerkten** Nichtverstehen gibt es Zwischenarten, die wir nicht unterschlagen dürfen:

- Der Lernende weiß **ungefähr,** was das Wort bedeutet, oder er kann aus dem Zusammenhang erahnen, was gemeint ist. In unserem Beispielsatz könnte es das Wort »Stellen« sein, worunter er Plätze versteht, an denen sich Personen aufhalten. Der Lernende hat das Wort nur teilweise, aber nicht ganz verstanden, das ist ihm im Augenblick des Lesens oder Hörens aber **nicht bewußt.**

- Der Lernende liest oder hört einen Satz, ohne daß ihm ein Wort unbekannt oder unverstanden vorkommt. Beispiel: »Der Mann beglich seine Schuld mit einer Krone.« Trotzdem war ein Wort dabei, dessen hier verwendeter Sinn ihm nicht bekannt ist, denn unter Krone verstand er bislang ausschließlich einen verzierten Kopfschmuck, nicht eine skandinavische Währungseinheit. Einstweilen ergibt der Satz einen Sinn für den Lernenden, und er **merkt nicht,** daß darin ein Wort mit einer ihm **unbekannten** Bedeutung gebraucht wurde.

- Schließlich gibt es die absolut **falsche Definition,** wie sie besonders bei Kindern immer wieder vorkommt. Beispiel: ein Kind, das für »Krokodil« die Bedeutung hat: ein Hund, der im Wasser lebt.

Fassen wir nun die Spielarten mangelnden Verstehens – bemerkt oder unbemerkt – zusammen:

- **Mißverstehen** – falsche Bedeutung für einen Begriff/eine Textstelle
- **Teilverstehen** – unvollständige Bedeutung für einen Begriff/eine Textstelle
- **Nichtverstehen** – fehlende Bedeutung für einen Begriff/eine Textstelle

Ist das denn so wichtig?

Man könnte nun auf die Idee kommen, daß man es nicht so genau halten müsse mit dem vollen Verstehen und daß eine ungefähre Vorstellung vom Informationsinhalt reiche – immerhin sei das besser, als gar keine Vorstellung zu haben. Letzteres stimmt, es ist aber auch eine Wahrheit, daß Menschen in dem Maße aneinander vorbeireden, wie sie die benutzten Wörter nicht richtig verstehen.

Das gilt selbstverständlich in beiden Richtungen. Die Kommunikation anderer erreicht uns einfach nicht oder nur in Bruchstücken, wenn unvertraute Begriffe darin vorkommen. Wer das in Kauf nimmt, muß mit Verlusten bei der Kommunikationsqualität leben. Das mag in einem Small-talk lediglich ein Schönheitsfehler sein, kann aber im täglichen Leben verheerende Folgen haben. Ein einziges Wort oder gar ein einziges Zeichen, das man nicht versteht, kann eine Informationslücke hinterlassen, die einem einen ganzen Absatz oder wichtige Teile des Textes entfremdet. Es bleibt etwas Unerfaßtes, Unerschlossenes zurück.

Das muß sich – besonders am Anfang – gar nicht oft wiederholen, bis das ganze Lerngebiet schwierig und undurchdringlich erscheint. Der Lernende wird sich danach für weniger fähig halten als jene, die keine Schwierigkeiten haben, und er wird sich möglicherweise regelrecht dumm vorkommen. Miß- oder Nichtverstehen aufgrund von fehlenden oder falschen Begriffsbedeutungen führt nicht selten zum Abbruch von Kursen, Schulen und Lehrgängen.

Forscht man weiter, so geraten gar Lernschwächen, die mit mangelhafter Begabung gerechtfertigt werden, ins Blickfeld und lassen sich oft genug als Folge unverstandener Begriffe ausmachen.

Die Wichtigkeit des vollen Verstehens empfangener Kommunikation wird besonders deutlich, wenn man erfahren hat, in welchem Maße Lernschwierigkeiten und Blockaden überwunden werden, sobald Klarheit geschaffen wurde und Verständnis eingekehrt ist.

Wie macht man's richtig?

Es ist natürlich gar nicht schwierig, bemerktes Nichtverstehen in den Griff zu bekommen. Man stößt auf ein unbekanntes Wort und besorgt sich eine Definition aus verläßlicher Quelle. Vielleicht hat der Verfasser ja schon in der Fußnote oder in einem Glossar für Klarheit gesorgt. Aber: Man muß es tun!

Und hier sollte man sich schon ein wichtiges Prinzip zu eigen machen: Lesen Sie nicht nur die Definition, sondern verleiben Sie sich diese ein! Bilden Sie ein paar eigene Sätze mit diesem neuen Begriff, dann werden Sie die Bedeutung *besitzen* und ein paar Seiten weiter nicht wieder nachschauen müssen!

Wenn Ihnen der Verfasser nicht hilft, müssen Sie es selber tun. Nehmen Sie ein verläßliches Nachschlagewerk zur Hand und stellen Sie klar, was mit dem unbekannten Wort gemeint sein könnte. Würden Sie weiterlesen und sagen: »Das kriege ich schon irgendwie mit«, so hätten Sie sich bereits hier schon eine Hürde auf dem Weg zum Verstehen errichtet. Zwar ist das Weitermachen ohne Klärung manchmal nicht zu vermeiden, so zum Beispiel bei Vorträgen. Aber es sollte stets nur ein Notbehelf sein und bleiben. Wo immer es möglich ist, sollte *sofort* Klarheit geschaffen werden.

☞ | **Mißverständnisse setzen sich fest!**

Unbemerkte Mißverständnisse äußern sich in physiologischen Erscheinungen. Das sind geistige Reaktionen, die körperlich spürbar werden. Der Lernende, der ein falsch oder nicht ganz verstandenes Wort übergeht und überliest, wird Veränderungen in seinem Befinden bemerken können:

- Es beginnt mit dem Gefühl, »nicht mehr ganz da« oder »geistig weggetreten« zu sein. Nach diesem meist unbewußten Abschweifen von Gedanken und Aufmerksamkeit wird er Müdigkeit verspüren und ein Gefühl der Leere und des Ausgelaugtseins bekommen. Desinteresse macht sich breit, der Text ergibt für ihn keinen Sinn mehr.
- Dann erscheinen Anflüge von Nervosität, oder er wird Aggressionen gegen den Text, das Thema, den Lehrer oder den Verfasser empfinden.
- Schließlich verliert er Lust und Interesse. Es ist gut möglich, daß er mit dem Lernen ganz aufhören und dem Lernthema künftig aus dem Wege gehen wird.

Diese Stadien können durchlaufen werden, wenn das Nichtverstehen andauert oder wenn halbherzig weitergelernt wird. Die Zahl der Mißverständnisse wächst und kann zur Eskalation führen.

Müdigkeit und geistige Abwesenheit als Signale

Müdigkeit ist ein recht verläßliches Anzeichen für das Aufspüren von nicht- und mißverstandenen Stellen im Lernthema. Es geht oft so rasch, daß der Grund für das Übel gar nicht weit vor dem ersten Gähnen liegt. Natürlich kommt es vor, daß sich beim Lernen die Spannkraft verbraucht und daß sich körperliche Reaktionen mischen. Der Lernende mag glauben, es liege nur am mangelnden Schlaf oder an vorher verrichteter harter Arbeit oder so etwas.

Aber immer dann, wenn Müdigkeit beim Erfassen von Lernstoff spontan einsetzt oder plötzlich stärker ausbricht, sollte man andere Rechtfertigungen nicht zulassen, sondern nach der eigentlichen Ursache suchen. Das gilt auch für das »geistige Wegtreten« als Folge eines unverstandenen Begriffs. Es kann auftreten entweder allein ohne Müdigkeit, vor der Müdigkeit, mit oder abwechselnd mit ihr oder auch gar nicht, sondern die Müdigkeit nur allein.

Als Vortragender können Sie diese Erscheinung von einem Logenplatz aus verfolgen. Sollte es Sie reizen, Ihre Zuhörer einmal probeweise in diesen Zustand zu versetzen, dann benutzen Sie ein ausgefallenes, undefiniertes Wort. Vergessen Sie aber bitte nicht, die Leute wieder aus ihrem bedauernswerten Zustand zu befreien!

Manche Menschen lesen vor dem Einschlafen im Bett und erzählen, daß sie davon schön müde werden und dann besonders gut einschlafen können. In der Tat: Mißverstandene Wörter sind ein gutes und zudem billiges Schlafmittel. Trotzdem spricht mehr dafür, Un- und Mißverständnisse nicht mit in den Schlaf zu nehmen, denn der »Nichtwissende« schläft vielleicht besser *ein*, der »Wissende« aber besser *durch*.

Festgefahren trotz Definition der Begriffe?

Es kann geschehen, daß der Sinn einer Aussage Ihnen auch dann noch nicht einleuchtet, wenn Sie sicher sind, alle verwendeten Begriffe gut zu kennen. Machen Sie dann Beispiele für die Situation, die Sie noch nicht ganz durchblicken, und zwar in der folgenden Art:

Stellen Sie sich vor, daß die Sache so ist, wie sie dort geschrieben steht. Vertreten Sie dann den umgekehrten Standpunkt, und nehmen Sie einfach an, daß das Entgegengesetzte wahr ist, und was das bedeuten würde. Machen Sie das abwechselnd mehrere Male, bis Sie klarer sehen.

Ein Anwendungsbeispiel dafür:

Eine Information könnte lauten: »Düngen Sie den Boden nie bei Regen!« Sie fragen sich, was es bedeutet, bei trockenem Wetter zu düngen: Der Dünger bleibt auf dem Boden liegen. Umgekehrter Standpunkt: Was würde es bedeuten, im Regen zu düngen? – Vielleicht dies, daß der Regen den Dünger hinwegspült. – Aha…!

Was tun, wenn keine sofortige Möglichkeit zur Klärung besteht?

Bei Vorträgen, im Klassenunterricht, bei TV-Kursen usw. besteht in der Regel keine Möglichkeit des Nachfragens oder Nachschlagens unbekannter Begriffe. Dafür bieten sich folgende Notlösungen an:

- Sich mit der Sache selbst, zumindest aber mit ihren Fachausdrücken vorher vertraut zu machen.
- Beim Vortrag Wichtiges notieren; die unverstandenen Wörter möglichst festhalten und so bald wie möglich eine Definition dafür besorgen. Vielleicht können Sie den Vortrag dann nochmals anhören?
- Vor Rückfragen nicht zurückscheuen!
- Wenn möglich, ein Manuskript besorgen und dieses wie Lernmaterial behandeln.

In dieser Situation wird man aber vielleicht nicht umhin kommen, die eiserne Grundregel des sofortigen Klärens zu umgehen. Dafür gibt es einen Trost: Unser Gedächtnis speichert auch das, was wir nicht gleich verstehen (vgl. Abschnitt 8.2.3 »Wir speichern auf ›Nimmerwiedervergessen‹«). Wichtig ist, daß wir es irgendwann abrufen und uns dann »einverleiben«, je eher, desto besser.

Im übrigen: Mehr über die Probleme bei mündlicher Informationsübermittlung steht in Kapitel 5.6 (»Mehr aus Vorlesungen und Vorträgen gewinnen«).

Eine Hypothek und wie man sie abträgt

Alle Menschen bringen aus der Kindheit nicht oder nicht ganz richtig verstandenen Wörter mit. Das liegt an der Art und Weise, wie wir unsere Muttersprache erlernt haben. Es ist ein ganz normaler Vorgang, daß man die Bedeutung von unbekannten Begriffen aus dem Zusammenhang des Gesagten zu erahnen sucht und sie in seinen Wortschatz aufnimmt. Bedeutungen, die (noch) nicht vorgekommen sind oder die fehlinterpretiert wurden, kennt man nicht oder nicht richtig. Das sind die verborgenen Mißverständnisse, die irgendwann einmal zu Schwierigkeiten führen können.

Es ist nichts falsch daran, sie zu haben, aber es ist sehr falsch, sie nicht aufzuspüren und nicht bis zum richtigen Verstehen zu bringen. Seien wir froh, daß wir die Warnsignale für aufkommende Schwierigkeiten jetzt wahrnehmen können.

Faustregeln

♢ Studieren Sie den Text/die Unterlagen mit der Absicht, ihn/sie ganz zu verstehen. Behalten Sie dabei stets das Ziel im Auge, das Gelernte auch anzuwenden.

♢ Nehmen Sie sich jedes Ihnen nicht ganz verständliche Wort, dem Sie im Text begegnen, zur Klärung vor und verleiben Sie es Ihrem Wortschatz ein. Selbst wenn Sie es ignorieren wollten: Haben Sie es erst einmal gehört oder gelesen, haftet es bis zum Verstehen wie eine lästige Klette an Ihnen – leider meist unbewußt und unbemerkt.

♢ Andererseits: Fixieren Sie sich nicht auf Unverstandenes in Vorträgen. Nehmen Sie Ihre Aufmerksamkeit davon weg, indem sie sich eine Lösung für das Problem vornehmen: baldmögliche Klärung.

☞ | **Mit jedem aufgeklärten Mißverständnis nehmen wir ein Stück mehr am Leben teil!**

4.1.2 Der passende Schwierigkeitsgrad

Was gemeint ist

Die nächste große Lernbarriere nach dem unverstandenen Begriff ergibt sich aus dem falschen Schwierigkeitsgrad, mit dem der Lernstoff vermittelt wird. Das ist zum Beispiel immer dann der Fall, wenn der Lernende über eine Sache, die er noch nicht verstanden hat und die er noch nicht anwenden kann, hinweggegangen ist und sich dennoch die nächste Sache vorgenommen hat.

Mit »Sache« ist hier ein sachlicher Zusammenhang gemeint. Das kann eine einzelne Aussage sein wie »Eisen wird von einem Magneten angezogen« oder ein ganzer Abschnitt oder ein ganzes Kapitel, zum Beispiel in einem Elektronikhandbuch eine Abhandlung über das Verbinden von Metallen mit Hilfe des Lötens.

Schwierigkeitsgrad zu hoch

Der Lernende studiert eine Sache, wendet sie an, studiert weiter, kann das dann nicht anwenden oder kann nicht verstehen, was damit getan werden soll, studiert trotzdem weiter und rennt sich fest.

Ein weiteres Beispiel:

Die Volkshochschule hat einen neuen Kurs ausgeschrieben: Informationsverarbeitung für Anfänger. Das ist genau das richtige für Herrn Aumann, er belegt den Kurs und geht hin. Am ersten Abend empfängt ein freundlicher Dozent ihn und 23 weitere Damen und Herren. Alle bekommen mit, was er über Zahlen und Zahlensysteme zu sagen hat. Herrn Aumann kommen einige Beispiele schon ein wenig albern vor, so einfach sind sie. Am zweiten Abend legt der Dozent aber richtig forsch los und scheint völlig vergessen zu haben, daß er Anfänger vor sich hat. Binär- und Hexadezimalsysteme beherrschen die Szene, und bald danach breitet sich unter den Zuhörern Verwirrung aus. Rückfragen verschlimmern die Situation, denn sie provozieren neue Ergüsse überhöhten Wissens. Die Zuhörerschaft kapituliert vor einer Sache, die zwar eine Woche zuvor »angerissen« wurde, mit der man aber inzwischen nichts Rechtes tun konnte. Es war zu abstrakt geblieben. Auf dieser Grundlage neue abstrakte Dinge auftürmen zu wollen, muß schiefgehen!

Ein zu hoher Schwierigkeitsgrad kann durch unzweckmäßiges Lernmaterial bzw. Didaktik entstehen oder auch dadurch, daß der Lernende etwas überspringt. Undurchdachtes oder unsystematisches Vorgehen eines Lehrers gehört ebenfalls zu den möglichen Ursachen. Gerade in Abendkursen sind oft Lehrkräfte tätig, die als Ziel ihrer Arbeit eher die Bestätigung des eigenen Wissens verfolgen als die Übermittlung verstehbarer Informationen.

Auch bei dieser Lernbarriere haben wir typische physiologische Erscheinungen, die uns auf die Spur der Ursache bringen:

• Anzeichen von Verwirrung
• das Gefühl, sich im Kreis zu drehen

Wichtig für den Lernenden ist hier, den Fehler nicht an der falschen Stelle zu suchen. Er könnte vielleicht meinen, daß es an der neuen Sache liegt, die er nicht versteht, in Wirklichkeit liegt der Grund aber bei der vorher noch nicht umgesetzten Sache.

Wie geht man vor?

Hat man festgestellt, daß der Schwierigkeitsgrad zu hoch war, dann geht man zu der Sache zurück, die man mit Sicherheit noch verstanden hat und deren Anwendung einem keinerlei Schwierigkeiten bereitet. Dann nimmt man sich die darauffolgende Sache vor und stellt beides sicher: Verstehen und Anwenden in sicheren Schritten. So nehmen wir diese Barriere!

Schwierigkeitsgrad zu niedrig

Die Kehrseite der Medaille ist der zu niedrige Schwierigkeitsgrad. Das Lernmaterial ist zu leicht für den Studierenden, oder der Lehrer kaut auf Dingen herum, die längst verstanden sind. Wenn es dem Lernenden gelingt, wie mit Siebenmeilen-stiefeln durch das Thema zu gehen, ohne oberflächlich zu sein, dann ist das in Ordnung. Damit paßt er sich geschickt den Gegebenheiten an. Wenn Lernmaterial, Lehrer oder System ihm aber das Überspringen langweiliger Phasen nicht erlauben, dann wird er zu lange davon abgehalten, das Gelernte anzuwenden. Ein zu langer Anlauf lähmt.

Der zu niedrige Schwierigkeitsgrad ist für das Lernen keine solch schwerwiegende Lernbarriere wie der zu hohe. Es kann zwar zu Schwierigkeiten kommen, aber die sind leichterer Natur.

Hat man zu leichtes Lernmaterial vor sich oder sitzt man in einem zu leichten Kurs, dann sind folgende Faustregeln angeraten:

- ✎ Werten Sie Lernmaterial oder einen Vortrag nicht ab, nur weil Ihre Kenntnisse bereits darüber liegen. Die abwertende Einstellung würde Sie womöglich dazu verleiten, Wissenswertes zu versäumen.

- ✎ Werden Sie nicht nachlässig darin, bereits Bekanntes von Unbekanntem zu unterscheiden und letzteres zu klären, bis Sie es verstanden haben.

Geschicklichkeit ist gefragt!

Auf eine weitere Falle sei hier aufmerksam gemacht: die falsche Studierweise. Wenn der Lernende in seinem Material springt, läuft er natürlich Gefahr, den Schwierigkeitsgrad zu überziehen. Andererseits kann es durchaus sinnvoll sein, »leichte« Passagen oder Wiederholungstexte zu übergehen. Das kann gelegentlich übertrieben werden, und schon haben wir die nachteiligen Folgen eines überzogenen Schwierigkeitsgrades. Wer diese jedoch kennt und zu deuten weiß, dem kann daraus eigentlich kein unlösbares Problem entstehen.

☞ | **Ein zu flacher oder zu steiler Anstieg der Schwierigkeit läßt sich regulieren – mit der richtigen Methode.**

4.1.3 Lerntempo und Gründlichkeit

Wieviel Gründlichkeit ist nötig?

Wenn Sie ein Telefonbuch aufschlagen und die Nummer eines Bekannten suchen, dann machen Sie das so gründlich, daß Sie die richtige Nummer bekommen und den Gewünschten auch erreichen. Ein bißchen falsch bedeutet hier Mißerfolg. Wenn Sie ein Auto kaufen, werden Sie sich mit den Aufpreisen und Abschlägen nicht nur oberflächlich befassen, denn sonst haut man Sie übers Ohr. Bei einem Hausputz hingegen kann man eher nur von einer begrenzten Gründlichkeit sprechen, denn keinem wird es gelingen, die Räume wirklich von allen Staubkörnern zu befreien. Drei Beispiele – drei verschiedene Gründlichkeiten.

Es scheint, als würden wir im Leben alles gerade so gründlich machen, wie es die Situation erfordert. Aber es gibt ein Gebiet, in dem in bezug auf Gründlichkeit häufig gesündigt wird: Lernen und Studieren.

Hierzu ein Beispiel:

Frau Lauterbach will sich eine HiFi-Anlage zulegen. Um einen Überblick zu gewinnen und um etwas von den Qualitätsmerkmalen zu verstehen, besorgt sie sich eine Broschüre mit dem Titel »Hifi für Anfänger«. Hierbei handelt es sich um gut lerntaugliches Material. Frau Lauterbach liebt die Methode des »Diagonallesens«, wie sie es nennt. Sie überfliegt die Seiten und Begriffe, die sie schon einige Male gehört, aber nie begriffen hat: Sinusleistung, Endstufenschwund, Klirrfaktor, und was es auf diesem Gebiet alles so gibt. Am Ende kauft Frau Lauterbach ein Durchschnittsgerät, denn ihr technisches Wissen konnte ihr bei der Auswahl des Gerätes nicht helfen. Das »Studieren« der Broschüre hatte lediglich zur Folge, daß der echte Fachmann im Radiogeschäft die »Expertin« schnell entlarven konnte und möglicherweise über deren »gesundes Halbwissen« schmunzelte.

Angemessene Gründlichkeit ist eine Sache der Zielsetzung

Oberflächlich wäre es, Schritte auszulassen, die für das Erreichen des Ziels notwendig sind. Das mag zunächst Zeit sparen, doch die (oder ein Mehrfaches davon) muß später für Nachholarbeit wieder geopfert werden. Will man den Motor seines Autos selber reparieren, dann muß man sich um die Montagedetails kümmern, sonst bekommt man die Teile kaum wieder richtig zusammen.

Übertriebene Gründlichkeit, also länger als nötig an einer Sache lernen, kostet Zeit und schiebt den Abschluß hinaus. Um mit dem Auto in den Urlaub zu fahren, muß ich nicht den Motor meines Wagens aus- und einbauen können.

Angemessen gründlich lernen, das heißt: sich am beabsichtigten Ergebnis zu orientieren. Wer mehr tut, vergeudet Zeit und beeinträchtigt das Lerntempo.

Gründlichkeit hat aber noch im weiteren Sinne etwas mit Lerntempo zu tun. Wer gründlich beginnt und das Verstehen der auftauchenden neuen Begriffe sicherstellt, wird bald sein Lerntempo beschleunigt sehen. Er stößt dann nämlich nicht mehr ständig auf Begriffe, die ihm fremd oder nicht ganz klar sind, sondern bewegt sich beim Lernen in bekannter Terminologie. Sobald ein Begriff im Sprachschatz verankert ist, spart man sich das erneute Klären seiner Bedeutung.

☞ | **Gründlich und schnell müssen beim Lernen keine Gegensätze sein.**

4.1.4   Vom Gleichgewicht beim Lernen

Drei Faktoren

Wenn wir etwas lernen, haben wir es mit drei Faktoren zu tun, und zwar mit:

1. Bedeutungen, also damit, was mit den Begriffen gemeint ist,
2. Gegenständen, also den physischen Massen, von denen die Rede ist, und
3. Tätigkeiten, also mit dem, was man mit den Begriffen und Gegenständen tun kann.

Diese drei Dinge sollten in etwa gleichem Maße beim Lernen vorhanden sein, wenn man gut vorankommen will. Anhand von Beispielen wollen wir uns die Zusammenhänge etwas näherbringen.

1. Mangel an Bedeutungen

Nehmen wir an, es fehle an Bedeutungen. Der Lernende hört oder liest Begriffe, von denen er nicht weiß, was damit gemeint ist. Selbst dann, wenn in dem Falle ausreichend Gegenstände vorhanden sind, kann er nichts Rechtes damit anfangen.

Ein Beispiel:

Ein türkischer Bauhelfer hat in seiner Heimat nie auf einer Baustelle gearbeitet, hier ist er der deutschen Sprache noch nicht mächtig. Jetzt fällt sein Blick auf den Bedienungsstand eines modernen Baukrans, und er blickt auf Hebel, Knöpfe, Schalter, Schilder, Skalen mit Zeigern und Lämpchen. Ein geradezu dramatischer Mangel an Bedeutungen, der hier herrscht! Zum Glück ist er nicht der Kranführer.

Einem Mangel an Bedeutungen kann man natürlich abhelfen, indem man die für die Gegenstände gebrauchten Begriffe in Erfahrung bringt und sich klarmacht.

2. Mangel an Gegenständen

Nehmen wir einmal das Gegenteil an und übertreiben die Bedeutungen und lassen die Gegenstände fehlen:

• Erstes Beispiel: In einer Fahrschule werden viele nebensächliche Einzelheiten erwähnt und Vorgänge erläutert, die aller Voraussicht nach nie gebraucht werden. Der Fahrschüler muß sich anhören, was man mit dem Auto zu machen hat, wenn man bei minus 40 Grad Celsius fahren will: Motor mit Öl der Viskositätsklasse SAE 5 füllen, Gummidichtungen mit Silikon präparieren, Frostschutz intensivieren und dergleichen mehr.

- Zweites Beispiel: Ein politischer Vortrag wäre gespickt mit Begriffen, die weit vom Gegenständlichen entfernt sind. Ein Beispiel wäre der Satz: »Die Förderung der Völkerverständigung durch direkte Annäherung kann als eines unserer Anliegen von allerhöchster Wichtigkeit betrachtet werden.« Womit etwa gemeint sein dürfte: »Uns liegt sehr daran, daß die Menschen verschiedener Völker miteinander reden.«

Das Übertreiben von Bedeutungen erzeugt beim Lernenden ein Übermaß an »geistigen Massen«. Was ist damit gemeint?

Eine Vergleichsidee: Physische Masse – Geistige Masse

Um die Verwendung dieses Begriffes »Masse« an dieser Stelle nachvollziehen zu können, sind hier einige grundsätzliche Betrachtungen nützlich.

Die einfachste Definition für »Masse« wäre: eine Anhäufung von irgend etwas. Die Teigmasse für den Kuchen oder die Menschenmassen im Fußballstadion wären Beispiele. Jeder Gegenstand ist also eine Masse, denn er besteht aus einer Anhäufung von Teilchen des betreffenden Materials.

Die Masse des Gegenstandes, und das ist nun die physikalische Betrachtungsweise, hat typische Eigenschaften. Erst einmal hat sie ein Gewicht, das dadurch entsteht, daß die Erde versucht, den Gegenstand an sich zu ziehen. Wir spüren das, wenn wir einen Stein halten. Sehr dichte Massen wie Gold wiegen schwerer als locker strukturierte (z. B. Holz). Eine weitere typische Eigenschaft der physischen Masse ist die Trägheit. Will man sie in Bewegung setzen, muß man eine

Kraft aufbringen. Denken wir an eine Drehtür: wir müssen sie aus dem Stillstand anschieben oder bremsen, um sie anzuhalten.

Halten wir fest: Um eine physische Masse zu bewegen, zu halten oder ihre Bewegung zu verändern, braucht man eine Kraft. In der Physik spricht man auch davon, daß die Gegenstände eine Masse »haben«. Dabei werden die Eigenschaften der Masse in den Begriff »Masse« mit hineingelegt. »Masse haben« bedeutet also: sich verhalten wie eine Masse, nämlich schwer und träge sein.

Wenn wir an einen Gegenstand denken – nehmen wir z. B. einen Ziegelstein – dann haben wir einen Ziegelstein vor unserem geistigen Auge. Das geht leicht, wenn wir das Bild von einem Ziegelstein gespeichert haben. Haben wir es aber nicht in unserem Speicher, dann müssen wir uns ein geistiges Vorstellungsbild von dem Gegenstand erschaffen. Dazu müssen wir uns manchmal regelrecht anstrengen. Es wird so etwas wie eine geistige Kraft gebraucht, um das Bild zu erhalten. Wahrscheinlich ist so der Begriff »Erinnerungskraft« entstanden.

Ein anderes Beispiel ist der »schwere« Kopf, den wir haben, wenn uns eine Sache nicht aus dem Kopf geht. Die Bilder, aus denen die Gedanken bestehen, scheinen manchmal einen gewissen Widerstand dagegen zu setzen, hervorgeholt, beibehalten oder beiseite geräumt zu werden. Natürlich hat das mit der Charakteristik unseres Speichers und den Ladungen auf den gespeicherten Bildern zu tun. Vgl. auch Kapitel 8.2.3 (»Wir speichern auf ›Nimmerwiedervergessen‹«).

Der Vergleich der Massen und Kräfte aus dem geistigen Bereich mit den physischen Massen und Kräften kann uns vielleicht helfen, die Effekte der geistigen Masse besser zu verstehen. Lassen Sie es uns versuchen und dazu einige Thesen aufstellen:

Die »geistige« Masse beim Lernenden in bezug auf das betreffende Vorstellungsbild ist um so größer,

- je weiter die physische Masse von einer Bedeutung entfernt ist,
- je wirklichkeitsfremder ihm die Bedeutung in seiner Vorstellungswelt vorkommt und
- je schmerzhafter seine Erfahrungen mit der betreffenden Sache für ihn waren.

Überhöhte »geistige Massen« können zu körperlichen Reaktionen führen und das Lernen blockieren. Der Lernende kann

- sich niedergedrückt fühlen
- Schwindelgefühle verspüren
- sich wie tot vorkommen
- gelangweilt sein
- erbost und gereizt sein
- Kopfschmerzen bekommen oder einen schweren Kopf haben
- ein unbehagliches Gefühl im Magen verspüren oder
- ihm können die Augen weh tun.

Dauerndes Studieren mit zu viel »geistigen« Massen kann zu sehr komplexen Beschwerden und manchmal auch zu Depressionen führen.

Dagegen ist ein Kraut gewachsen!

Setzen wir nun eine mögliche Erkenntnis aus dem obigen Vergleich in die Tat um: Wir nehmen den »geistigen« Massen das Übergewicht, indem wir die physischen Massen hinzufügen:

- Wir verschaffen uns zu den Bedeutungen die Gegenstände, schauen sie uns an, berühren oder benutzen sie. Eine Maschine zur Verpackung von Medikamenten verliert so manche Rätsel.
- Wenn wir über den Gegenstand nicht verfügen können (z. B. Weltraumkapsel), dann besorgen wir uns eine Darstellung von dem Gegenstand oder fertigen uns selbst eine.
- Handelt es sich um abstrakte Begriffe (z. B. »Völkerverständigung«), dann stellen wir die sachlichen Zusammen-

hänge durch Skizze oder mit Gegenständen dar. Hier läßt man Ersatzmassen an die Stelle der Begriffe treten, indem man Demo-Material verwendet. Hierbei nimmt man kleine Gegenstände und läßt sie in der darzustellenden Situation die Position von Lebewesen oder Gegenständen annehmen. Das, was hier wie kindliches Spiel anmutet, ist ein verblüffend wirksamer Massenausgleich. Ausführlicher ist das behandelt in Abschnitt 4.4.4 (»Klarheit schaffen durch Demo«).

3. Mangelndes Tun

Zu wenig Betätigung mit der zu lernenden Sache hindert den Lernenden daran, die studierten Zusammenhänge funktionieren zu sehen. Er mag zwar die Informationen gut aufgenommen und gespeichert haben, zu fundiertem Wissen werden diese Informationen aber erst, wenn er sie anwendet oder zumindest die Anwendung beobachtet. Endloses Lernen ohne Tun erzeugt mehr und mehr Unsicherheit darüber, ob etwas überhaupt klappt und ob man es jemals können wird.

Ein Balanceakt, der nicht schwierig ist

Die Ausgeglichenheit beim Lernen ist leicht zu halten, wenn man sich der Zusammenhänge ein wenig bewußt ist. Sobald die geschilderten Phänomene auftreten, weiß man dann, woran man ist, und kann gegensteuern. Mit einer Sache gut umgehen können heißt schließlich nicht, lediglich mit den Bedeutungen vertraut zu sein, sondern auch mit den Dingen und ihren Eigenschaften. Das sollte beim Lernen auf Schritt und Tritt realisiert werden und nicht erst an der Schwelle vom Lernen zum Praktizieren.

☞ | **Effektives Lernen setzt voraus, daß diese drei Gesichtspunkte einigermaßen ausgeglichen vorhanden sind: Gegenstände, ihre begriffliche Bedeutungen und der Umgang mit ihnen.**

4.1.5 Wichtigkeit und Wahrheitsgehalt von Informationen

Wer sagt uns, was wichtig ist?

Auch wenn es uns nicht bewußt ist: Jede eingehende Information wird auf der Stelle von uns bewertet, ob sie wichtig, weniger wichtig oder unwichtig ist. Darauf gründen wir dann unsere Entscheidungen und Handlungen.

Peter, fünf Jahre alt, belädt gerade seinen Lastwagen mit Sand, als ein dicker Wassertropfen auf seine Hand fällt. Unter anderen Umständen wäre er zur Mutter ins Haus gelaufen und hätte gesagt: »Schau, es regnet!« Jetzt ist er aber vollauf mit seiner Spielsituation beschäftigt. Da prallt der Tropfen ab, und selbst der erste Ruf seiner Mutter verhallt ohne Reaktion. Die nächste Schaufel Sand fließt auf den Laster. Leider haben die Erwachsenen eine Reihe von Tricks, mit denen sie den Wert ihrer Informationen entscheidend erhöhen können. Für Peter ist es der drohende Verlust des Schokoladenpuddings zum Nachtisch eine sehr wichtige Information, die ihn schließlich doch ins Haus zieht.

Beim Lernen werden wir noch mehr als sonst im Leben mit Informationen überschüttet. Wir kommen gar nicht umhin, sie nach wichtig und weniger wichtig einzuteilen. Somit erhält das Ganze eine Struktur und wird schon dadurch leichter speicherbar.

Stellen wir uns vor, wir sollten einem Laien erklären, wie ein Motorrad aufgebaut ist und wie es funktioniert. Und nun würden wir alles für gleich wichtig erklären: den Lenker wie die Zündung, den Sitzbezug wie die Kennzeichenbeleuchtung, den Ständer wie die Kolbenringe und so fort. Der Betreffende wäre der Betroffene, nämlich arm dran. Man könnte in der Tat wahnsinnig darüber werden, wenn man nicht mehr nach wichtig und weniger wichtig unterscheiden dürfte.

Weniger wichtig heißt hier nicht: überflüssig. Es bedeutet nur, daß eine Sache nicht unbedingt gebraucht wird, um ans

Ziel zu gelangen. Die erste Motorradfahrt wird mehr vom richtigen Bedienen der Kupplung und der Schaltung bestimmt sein als davon, wie man ein Rücklichtbirnchen wechselt.

Aus diesem Beispiel können wir eine sichere Methode ableiten, wie man Wichtiges und Unwichtiges auseinanderhalten kann: Die Anwendung in der Praxis zeigt es schonungslos!

Das Einschätzen der Wichtigkeit spielt also beim Empfang von Informationen eine entscheidende Rolle. Doch es gibt noch einen weiteren Gesichtspunkt:

Wahrheitsgehalt von Informationen

Beginnen wir mit einem Beispiel: Frau Kreuzer hört einen Vortrag über die heilsame Wirkung von Kneippschen Wassergüssen. Sie weiß schon ein wenig von der Sache und versteht den Vortragenden sehr gut. Als dieser sich verspricht und sagt: »Schließen Sie eine Wasseranwendung immer mit warmem Wasser ab«, da merkt sie gleich, daß hier kalt und warm verwechselt wurde. Somit war es eine falsche Information, die dem vorher Gesagten widersprochen hat.

Ist man auf dem Lerngebiet bereits bewandert genug, um falsche Informationen zu erkennen, dann ist es gut. Ist das nicht der Fall, so muß man dem Widerspruch, sobald man ihn entdeckt, sorgfältig nachgehen und aufklären. »Gesundes Mißtrauen« ist also angebracht, wobei dies natürlich nicht in eine Lernbremse ausarten darf. Wenn man mit zweifelhaften Informationen konfrontiert wird, so sollte man möglichst rasch eine Erklärung dafür finden, warum die neue Information nicht zu dem paßt, was man schon wußte. Dann kann es weitergehen mit dem zielstrebigen Lernen, ohne daß uns gleich körperliche Reaktionen befallen.

Man bekommt im übrigen bald heraus, welche Materialien oder Äußerungen man mit Vorsicht genießen sollte.

Wie man mit Undefinierbarem umgeht

Das kann einem zu schaffen machen: Da verwendet ein Autor oder ein Vortragender Begriffe, deren Definition er für sich behält. Wenn man sie auch sonst nirgendwo erläutert findet, kann man davon ausgehen, daß der Fachausdruckschöpfer nicht informieren, sondern lediglich seine Leser oder Zuhörer beeindrucken wollte. Womöglich hat er selbst keine Ahnung, wovon er spricht. Auch hier lautet die passende Reaktion: Situation für sich verstehen und nicht aufhalten lassen. Wenn es den benutzten Begriff nicht gibt, ist die Information ohnehin selten etwas wert.

Vorsicht vor Umwegen!

Umwege haben die Eigenschaft, nicht direkt zum Ziel zu führen. Deshalb sind sie auch beim Lernen nicht beliebt. Manche Stellen im Lernmaterial oder in einem Vortrag konfrontieren den Lernenden oder Zuhörer mit Verzweigungen des Lernweges. Nebengebiete mit interessanten Aspekten zum Beispiel können eine verführerische Wirkung ausüben. Es ist nichts Falsches daran, dem zu gegebener Zeit nachzugehen, doch ist es nicht in Ordnung, dabei das ursprüngliche Ziel aus den Augen zu verlieren.

Die Faustregel lautet:

- Entweder bewußt und gewollt der Verzweigung nachgehen, diese verstehen und dann zurück auf den ursprünglichen Weg zum Ziel,

- oder alles, was die Verzweigung an Daten und Informationen enthält, fürs erste »ungewußt« lassen und überspringen, ggf. später einmal den Faden wieder aufnehmen.

Hier liegt eine fortgeschrittene, verfeinerte Art des Lernens vor: Damit leben, daß es noch mehr über diese Sache in Erfahrung zu bringen gibt, aber dennoch die Aufmerksamkeit davon wegnehmen können und auf den im Augenblick wichtigeren Teil lenken. Das gilt natürlich nicht für unverstandene Begriffe, die man definieren kann!

> ☞ **Verfeinern wir unser Gespür dafür, ob eine Information uns unserem Ziel näher bringt oder nicht.**

4.1.6 Ein Hohelied auf die Konsequenz

Wozu hier nochmals von Konsequenz die Rede ist

Dafür sieht der Autor drei gute Gründe. Daß es gut ist, eine Sache besser gar nicht als nur halbherzig anzugehen, darüber stand in Abschnitt 2.1 (»Lernaufgabe definieren und Lernziel festmachen«) einiges zu lesen. Wie nützlich es ist, sich die Lernstufen zu eigen zu machen, hat Abschnitt 2.0 dem Leser näherzubringen versucht.

Hier soll jetzt noch von einer anderen Art der Konsequenz die Rede sein, und zwar von dem aus drei Schritten bestehenden Handlungskreislauf:

1. Man beginnt eine Sache,
2. man führt sie durch und
3. man beendet sie und schließt sie ab.

Ein alter Hut? – Gewiß! Doch vielleicht ist dieser Zeitpunkt, an dem sich der Leser mit dem Thema »Lernen« befaßt, ein passender Anlaß, um darüber nachzudenken, wie viele Handlungen in seiner Umgebung eigentlich nicht abgeschlossen werden und offen bleiben.

Hierzu Beispiele:

- Joe hat sich entschlossen, einen längst fälligen Brief an das Finanzamt jetzt zu schreiben und denkt darüber nach, wie er anfangen soll. Da klingelt das Telefon, und seine Freundin tauscht mit ihm eine halbe Stunde lang wichtige Neuigkeiten aus. Danach muß er sofort aufbrechen, um rechtzeitig zum Sporttraining zu kommen. Den Brief an das Finanzamt vergißt er.

- Bilder von Ausflügen und Urlaubsfahrten sind außerordentlich interessant, wenn sie gerade entwickelt worden sind. Eigentlich müßte man sie kennzeichnen und vor allem ins Album stecken. Das Schicksal des unbearbeiteten Weglegens teilen die neuesten Bilder mit denen von vor drei Jahren, als ein Beinbruch zum letzten Mal »für Ordnung unter den Bildern sorgte«.

So passiert es doch immer wieder: Eine Sache wird nicht zu Ende geführt, die nächste wird begonnen, dann die übernächste, der folgt wieder eine nächste, und so geht's weiter, bis man nicht mehr weiß, wo einem der Kopf steht.

Verhalten wir uns in dieser Situation nicht alle gleich? Bei der Suche nach einer Antwort auf diese Frage stoßen wir auf drei »Kreislauftypen«, nach denen wir unsere Mitmenschen unterscheiden können. Da gibt es den Dauerstarter, den notorischen Macher und den überzeugten Stopper. Lassen Sie uns einen Blick auf diese Typen werfen!

1. Der Dauerstarter

Es gibt typische Beginner, die fangen öfter mal was an, tun dann vielleicht auch ein bißchen an der Sache, doch dann läßt das Interesse rasch nach.

Ein Beispiel: Da macht einer einen Fernkurs für Elektrotechnik, und nach 5 von 24 Lektionen blättert er nur noch oberflächlich in den Heften, schickt aber die Aufgabenlösungen nicht mehr zur Korrektur ein. Es wäre ja durchaus zu verstehen, einen begonnen Kurs aus guten Gründen einzustellen, im Beispiel vielleicht nach Erhalt eines Studienplatzes. Dann aber sollte es ein bewußter Schlußstrich sein und kein halbherziges Schleifenlassen.

Unbewußt haben wir nämlich im Gedächtnis – Abteilung Ziele – gespeichert, innerhalb eines Jahres den Fernkurs abzuschließen. Man kann das vergleichen mit dem Produktionsauftrag in einem Unternehmen. Der muß nun in allen Abteilungen annulliert werden, sonst wird irgendwo weiter daran gearbeitet. Von der einstmaligen Zielsetzung gehen weiter Impulse aus, die im Unbewußten agieren, wenn sie nicht neu definiert werden.

2. Der notorische Macher

Er beginnt selten etwas, lieber springt er auf den fahrenden Zug auf. Er rackert oder werkelt stetig vor sich hin, hütet sich aber davor, fertig zu werden. Denn daraus würde Unordnung und Unruhe entstehen, und er mag weder das eine noch das andere.

Ein Beispiel: Fritz Stettner ist Schreiner in einer Fensterfabrik und hat noch zwei Jahre bis zur Rente. Jedesmal keimt Unwille in ihm auf, wenn sein Chef mit einem neuen Auftrag daherkommt. Er hat doch genug zu tun! Der vorletzte Auftrag ist noch nicht ganz fertig, denn eigentlich wollte er diese Fenster nochmals überprüfen und ihnen den letzten Schliff geben. Herr Stettner scheint an der laufenden Arbeit zu kleben.

3. Der überzeugte Stopper

Wer kennt nicht jemanden, der wahrer Meister darin ist, andere in ihrem Tun aufzuhalten? Zwei Beispiele:

- Kinder – von Natur aus quicklebendig – sind betagten Leuten manchmal ein Dorn im Auge – oder besser: ein Heuler im Ohr. Gemeint sind zum Beispiel die Omas und Opas, die mit allen zur Verfügung stehenden Mitteln danach trachten, die Irrwische zu bremsen und ruhigzustellen.

- In den Vorzimmern vielbeschäftigter Chefs haben die Sekretärinnen manchmal die Aufgabe, das »Allerheiligste« abzuschirmen und Gesprächswünsche von Mitarbeitern und Außenstehenden unerfüllt zu lassen. Sie schieben vielen Aktivitäten einen Riegel vor. Auf diesem Gebiet besonders erfolgreiche Kräfte erhalten Zusatzbezeichnungen wie »Vorzimmerlöwe« oder »Würger«. Sie sind typische Vertreter des Typs »Stopper«.

Auf die richtige Mischung kommt's an!

Natürlich hat jeder von uns von allen drei Typen etwas. Aber, und das ist wohl diese Betrachtung wert, es sollte keinen ausgeprägten Schwerpunkt geben, auch dann nicht, wenn die Tätigkeit dazu verleiten könnte. Da könnte vielleicht ein Grenzbeamter in der Rolle des Bremsers aufgehen, weil er ja die Leute anhalten muß. Besser wäre es für ihn, er würde seine Kontrollarbeit als einen Handlungskreislauf sehen mit Anfang, Ablauf und Ende.

Für uns, die wir effektiv lernen wollen, ist wichtig, daß unsere Handlungen abgeschlossen werden, so daß Kopf und Hand wieder frei werden für neue Aufgaben.

☞ | **Das konsequente Abschließen begonnener Handlungskreisläufe ist ein vorzügliches Mittel gegen Streß.**

4.2 Programmgestützte Wissensaufnahme

4.2.1 Programmiertes Lernen

Was ein Lernprogramm ist und wie es entsteht

Programmiertes Lernen wird von seinen Entwicklern als eine Lernmethode gepriesen, die den Aufgaben unserer Zeit ganz besonders gerecht wird. Die angestrebte rationelle Ausbildung des Menschen soll erreicht werden durch sorgfältig vorgeplantes und in seiner Wirkung abgesichertes Lernen.

Ein »Lernprogramm« entsteht in folgenden Schritten:

1. Lernziele festlegen

Hier wird genau beschrieben, was der Lernende am Ende der Ausbildung wissen oder können soll. Je komplizierter die Aufgabe ist, um so wichtiger sind Zwischen- oder Teilziele.

2. Lernweg planen

Das Ziel, der Stoff, der Verfahrensablauf sowie Einstiegsvoraussetzungen und Fähigkeiten des Lernenden spielen bei der Planung die ausschlaggebende Rolle. Der Weg wird in Abschnitte zerlegt, wobei Struktur und Reihenfolge für den Lernenden logisch sein müssen.

3. Lernen absichern

Darunter versteht man in diesem Zusammenhang Maßnahmen, die den Lernstoff beim Lernenden verankern sollen. Erreicht wird das durch aktive Verarbeitung (selbst etwas tun), Fragen beantworten, Aufgaben lösen, Entscheidungen treffen und an Beispielen üben. Hinzu kommt eine fortlaufende Erfolgskontrolle, die dem Lernenden anzeigt, ob er auf dem richtigen Weg ist.

4. Testen des Programms

Vor dem Einsatz eines Lernprogramms steht ein umfassender Test, der zeigt, ob es zufriedenstellend arbeitet. Mehrfache Überarbeitungsschritte sind die Regel.

Beispiel

Aussage	Im Gegensatz zum Tier kann der Mensch denken. Das bedeutet: Er kann sich vorstellen, wie etwas ablaufen könnte, ohne es selbst zu tun. Dagegen kann er Alternativen stellen.
Abfrage	A Tiere sind nicht fähig, für die Zukunft zu handeln.
	B Der Mensch lebt nur in Vorstellungen
	C Wir Menschen können Zukunftssituationen gedanklich durchspielen.
	D Alle Lebewesen haben so etwas wie Gedanken; Tiere sind schneller, Menschen tiefer und gründlicher.
Ergebnis (i. d. R. auf der nächsten Seite)	C ist richtig: Wir können uns Situationen vorstellen, daß und wie sie in der Zukunft eintreten könnten, ohne es selbst zu tun. Diese Abläufe können wir durchspielen, auch Alternativen dazu.

Nachbear-	Tiere können zwar auch für künftige Situatio-
beitung	nen handeln (z. B. kann das Eichhörnchen einen
	Wintervorrat anlegen), aber sie können keine Si-
	tuationsbetrachtungen anstellen, erst recht nicht
	in Alternativen denken.

Vor- und Nachteile

Für den Lernenden liegen die Vorteile des programmierten Lernens in der Freizügigkeit: Er kann Zeit, Ort, Rhythmus und Tempo des Lernens selbst bestimmen. Die Aufbereitung des Stoffes erfordert dazu einigen Aufwand und Spezialwissen.

Anwendungsgebiete

Programmiertes Lernen ist offenbar aus der Computertechnologie geboren und stammt aus einer Zeit, als es noch keine PCs in der heutigen Verbreitung gab. Als erstes tauchten »programmierte Unterweisungen« auf, mit denen vielen der Weg in die Computerwelt geebnet wurde. Im Prinzip läßt sich diese Methode aber auf praktisch alle Lernthemen anwenden.

 | **Programmiertes Lernen bietet gegenüber dem Lernen mit Textmaterialien mehr Führung.** |

4.2.2   Lernen mit Hilfe des Computers

Um was es geht

Die elektronische Informationsverarbeitung – also das Arbeitsfeld des Computers, stößt gerade in eine neue Dimension vor: in die Welt des »Multimedia«. Damit öffnen sich weitere Kanäle für das Übermitteln von Informationen an den Menschen, und damit explodieren auch die Möglichkeiten der

Lernenden, gespeicherte Informationen mit Hilfe des Computers aufzunehmen.

Doch Information ist noch nicht Wissen. Dem tragen Programme von heute Rechnung, indem sie den Stoff so präsentieren, daß er sich leichter speichern und vernetzen läßt. Der Lerninhalt erreicht den Lernenden über das Auge in Form von Lesen und Betrachten von starren und bewegten Darstellungen, aber auch über das Ohr in Form von Sprache und Klängen. Zudem kann der Computer Reaktionen des Lernenden empfangen und bewerten, wobei die Technik der Sprachausgabe bereits hervorragend funktioniert, die der Sprachaufnahme dagegen noch nicht ausgereift ist.

Mit diesen Fähigkeiten kann der Computer ein weites Feld der Lehreraufgaben übernehmen. Er bietet sich als eine Art Privatlehrer an, der Texte und Darstellungen zeigt, bewegte Bilder ablaufen läßt und das Ganze mit Musik und Tondokumenten untermalt. Aber: Das Lernen per Computer ersetzt weder das soziale Lernen noch die persönliche Kommunikation, damit auch nicht völlig den Lehrer.

Wie das funktioniert

Das grundlegende Ziel eines guten Lernprogramms ist es, Fakten und komplexe Zusammenhänge eindeutig und verständlich darzustellen, und zwar nach dem Wunsch des Lernenden beliebig oft, auch zu einem späteren Zeitpunkt wiederholbar. Hierzu werden Text und Darstellungen wie Bilder, Tabellen, Diagramme sowie Geräusche benutzt. Digitalisierte Ton- und Bilddokumente präsentieren sich wie ein interaktives, sprechendes Buch.

Das Programm kann also derart gestaltet sein, daß der Lernende zur aktiven Mitarbeit angehalten wird. Das kann geschehen durch:

- Fragen mit anzuklickenden Antworten
- Texte mit aufzufüllenden Lücken
- Aufforderung zur freien Texteingabe

Das Programm bestätigt die Richtigkeit der Antwort oder verzweigt sich in einen Nachholzyklus, der bei mehrmaligem Durchlauf sowohl die Informationen wie auch die Fragestellungen anders formulieren kann.

Sehr gute Lernprogramme passen sich in einem gewissen Rahmen den Vorkenntnissen des Lernenden an, sie vertiefen das Teilgebiet des Themas, das nicht richtig beantwortet wurde, um dann erst erneut abzufragen.

Wenn das Durchdringen des Themas umfangreiche Rechenoperationen erfordert (z. B. Mathematik), dann nimmt das Programm dem Lernenden stupide Wiederholungskalkulationen ab.

Animation heißt das Zauberwort, mit dem bei sprödem Lernstoff der Lernende bei Stimmung, Laune und Aufmerksamkeit gehalten wird. Das geschieht durch Texte, Darstellungen und Klänge. An einem Beispiel sei die Funktionsweise am Beispiel des Lernprogramms »Typequick« des Softwareverlages Heureka-Klett (Stuttgart) erläutert.

Beispiel Maschinenschreiben

Professionelles Bedienen der Tastatur von Schreibmaschine oder Computer geschieht bekanntlich mit Blick aufs Manuskript und nicht auf die Anordnung der Tasten – Zehn-Finger-blind-Methode heißt das in der Fachsprache. Um das zu lernen, kann man sich an den Computer setzen, die entsprechende Software laden, und schon geht's los.

Das Programm bittet den Lernenden zunächst, sein Ziel zu nennen, nämlich wie schnell er werden will. Dann wird die richtige Positionierung der linken Hand verlangt, und das wird von der ersten Minute an geübt, zunächst mit vier Buchstaben und der Leertaste. Nach jeweils ein bis zwei Minuten Übung wird resümiert: Wie schnell waren wir und wieviel Fehler haben wir gemacht und welche? Man darf sich entscheiden: Weiter in der Lektion oder wiederholen?

So geht es weiter: die weiteren Buchstaben und Zeichen, die rechte Hand und, wenn gewünscht, der Ziffernblock.

Das Programm wertet die Anschläge nach einer Reihe von Kriterien aus. Es erkennt Schwachpunkte und konzentriert dann das weitere Vorgehen auf das Verbessern dieser Bereiche. Absolvierte Zwischenschritte und das Erreichen des Endzieles quittiert der pädagogisch versierte Computer mit Anerkennung und Lob.

Das breite Feld der Anwendungsmöglichkeiten

Das Angebot an lernunterstützenden Programmen ist mittlerweile nahezu unüberschaubar geworden. Nachfolgend eine Aufstellung der Lernsoftware eines einschlägigen Verlages (Heureka-Klett) als Beispiel dafür, wie vielfältig das ständig wachsende Angebot schon heute ist:

Fach/Objekt	*
Mathematiklernprogramm für Schüler im Grundschulbereich	S
PC-Training **Diktat Deutsch**	S
Vokabel- und Formentrainer **Latein**	
Grammatik/Vokabeln **Englisch** Hauptschule/Gesamtschule/Gymnasium	
dsgl. **Französisch**	
Thematischer **Grund**- und **Aufbauwortschatz** (Vokabeltraining)	
Wörterlernen im Kontext (Englisch)	S
Grammatiklernen Englisch	S
Vokabeltraining Französisch	S
Sprachabenteuer (Paris, Radtour Bretagne, Straßburg, New York, London)	z.T. S
Pons Standardwörterbuch	

* S = mit Sprachausgabe (»sprechender Computer«)

Fach/Objekt	*
Geographie	
Geschichte	
Naturwissenschaften (u. a. Simulationsmodelle)	
Biologie (Bienen, Ökologische Modelle, Kreuzung/Erbgang, Evolution, Genkarte, Osmose)	
Chemie (Molekularmodelle, Kristallmodelle, Perioden- system, Reaktionskinemetik, Gaskinetik)	
Informatik (Modelle von Textverarbeitung, Datenbank, Programm- und Benutzeroberfläche)	
Mathematik (Lern- und Übungsprogramme, Experten- und Tutorensystem zur Algebra, Konstruktionspro- gramm zur experimentellen Geometrie, Stochastik Fraktale, Iterationen, Analytische Geometrie mit Algebra, Funktionsgraphen, Lineare Algebra)	
Physik (Impulse Physik)	
Aufgabenbanken zu vielen Programmen	

Lieferprogramm des Softwareverlages Heureka-Klett, Stuttgart (Auszug 1995)

Möglichkeiten und Grenzen des Lernens mit Hilfe des Computers – Kritische Betrachtung

Ein entsprechend gut programmierter Computer hat einem Lehrer einiges voraus:

- Er hat ein umfangreicheres Wissen,
- sein Wissen ist leichter auf dem neuesten Stand zu halten, und
- er hat eine unerschöpfliche Geduld.

---

* S = mit Sprachausgabe (»sprechender Computer«)

Folgendes dagegen kann er *nicht*:

- Vertrautheit mit dem Gerät ersetzen,
- zuverlässig reagieren auf Aktionen des Lernenden außerhalb von bewährten Eingabemedien (Tastatur, Maus, Stick, Griffel, Bildschirmtouch), als da sind: gesprochenes Wort, Gesang, Bewegung, Blickkontakt und sonstige nonverbale Kommunikation), und
- Hilfebedürftigkeit des Lernenden erkennen,
- autodidaktischen Eifer ersetzen und
- soziales Lernen vermitteln.

Hier liegen die eindeutigen Grenzen des Computers. Er ist kein Ansprechpartner für individuelle Fragen und Probleme des Lernenden und kann auch die Autorität des Lehrers nicht ersetzen. Deshalb sollte der absoluten Computerhörigkeit rechtzeitig vorgebeugt werden. Dabei kann diese Überlegung vielleicht helfen:

Wissen wird seit altersher vom Wissenden auf den Noch-nicht-Wissenden übertragen, zunächst durch Vormachen und gesprochenes Wort, dann auch durch Schriftstücke und Darstellungen. Später gab es Bücher, Fotografien, Filme. Schreib- und Rechenmaschinen erleichterten die Arbeit, und irgendwann kam der zunächst einfache Computer. Der ist jetzt dabei, sich zu einem umfassenden Wissensvermittler zu entwickeln. Die bereits bekannten Möglichkeiten sind immens, die Zukunft wird uns auf diesem Gebiet wahrscheinlich noch einiges bringen, das uns heute noch utopisch erscheint.

Die Rolle des Wissensvermittlers hat sich also gewandelt, und sie wird sich im Multimedia-Zeitalter weiter ändern, wahrscheinlich in einem nie gekannten Ausmaß. Vielleicht wird am Monopol der Schule in Sachen Vermittlung von Fakten und Zusammenhängen bald arg gerüttelt werden, die Funktion des Lehrers wird jedoch bestehen bleiben. Er wird allerdings eine neue Rolle finden in dem entstehenden neuen Dreieck Lernender – Schule/Lehrer – Computer.

Wird das computergestützte Lernen die Schule künftig schon stark beeinflussen, so steht die betriebliche Weiterbildung vor einer regelrechten Revolution. Denn: Einerseits stehen die Unternehmen unter dem Zwang zu immer kürzerer Innovation ihrer Produkte und Verfahren, andererseits aber leiden sie unter einem hohen Kostendruck. Die herkömmliche Wissensvermittlung – meist durch Seminare und Workshops – ist den Unternehmen inzwischen so teuer geworden, daß sie im Zeitalter des »lean«-Gedankens nach kostengünstigeren Lösungen suchen. Da kommt »CBT« wie gerufen. Dieses »Computerbased training« ermöglicht:

- Individuelles, selbstbestimmtes Lernen des Mitarbeiters (Zeitpunkt und Zeitbedarf flexibel, bei eigenem PC auch nicht ortsgebunden), das erspart dem Unternehmen Kosten und dem Mitarbeiter Zeit. Außerdem ist manchem noch das »Lernen im stillen« lieber als der eher »offizielle« Besuch eines Seminars. Da herrscht eben mancherorts noch die Mentalität: »Wer lernt, ist noch nicht fertig in seinem Beruf.«

- Einsparung an Ausbildungspersonal (Lehrkräfte, Berater oder Moderatoren werden nicht überflüssig, schon wegen des Trainings nicht, aber der Löwenanteil der Wissensvermittlung geschieht am Bildschirm).

 Dem Lernen mit Hilfe des Computerprogramms gehört die Zukunft – nicht die ganze, aber ein großes Stück davon.

4.3 Lernen auf der Grundlage besonderer Entspannung

4.3.1 Superlearning

Grundsätzliches zur Suggestopädie

Die Lernmethode des Superlearning gründet sich auf die »Suggestopädie«, eine nicht nur verbale Verbindung von Suggestion und Pädagogik. Sie verbindet die Pädagogik natürlich mit Psychologie, aber auch mit Neurologie und Musikwissenschaft. Damit wird die unbewußte Sphäre stärker als früher für die Zwecke des Lernens genutzt.

Der Begriff Suggestion ist im allgemeinen Sprachgebrauch eher negativ besetzt: Man argwöhnt, daß hierbei Vorgänge die bewußte Sphäre durchbrechen, sich in der unbewußten Ebene festsetzen und unkontrolliert und ungewollt wirken. Tatsache jedoch ist dies: Suggestion findet beim Lernen immer statt, auch wenn sie nicht bewußt oder beabsichtigt ist.

Unterscheiden wird man hier noch nach äußerer Suggestion (in der Werbung vorzufinden) sowie nach innerer (Beispiel: Autogenes Training). Die Wirkung von Suggestion hängt ab von der Suggestivkraft der Quelle und der Suggestibilität (Empfänglichkeit für Suggestion) des Empfängers.

Eine reine Lehre des Superlearnings gibt es ebensowenig wie ein einheitliches Verfahren. Die Grundidee wird heute auf verschiedene Weise angewandt.

Genau gesehen gibt es unterschiedliche Arten von Suggestopädie – Lernen unter Zuhilfenahme des Unbewußten -- schon immer, zumindest zwei von diesen dreien:

- Der Lernende übernimmt vom Lehrenden Meinungen und Verhaltensweisen, wobei das beiden nicht bewußt ist und sie es nicht beabsichtigen.
- Das gleiche geschieht mit Absicht des Lehrenden, aber ohne Wissen des Lernenden.

- Bei der dritten Variante wenden beide die Methode bewußt und absichtlich an.

Das erste pädagogische Konzept, das Suggestion verwendete, wurde vor etwa 50 Jahren von Georgi Lozanov entwickelt. Er war auf das ganzheitliche Lernen aus, also auf die Einbeziehung aller Informationskanäle des Menschen, und entdeckte höhere Gedächtnisleistungen durch suggestive Lerntechniken. Doch er grenzte sich zur Hypnose ab: Nicht sie, so fand er, steigert die Behaltensquote, sondern die suggestive Lernatmosphäre. Damit ist die Grundidee des Superlearnings offenbart: Beseitigen der lernhemmenden, antisuggestiven Barrieren.

Eine solche Barriere kann einmal logischer Natur sein: Was wir nicht mit unserem vorhandenen Wissen begreifen und erklären oder mit unseren verfügbaren Fähigkeiten nicht beherrschen können, lehnen wir ab. Auch alles, was nicht in unser ethisch-moralisches Wertesystem paßt, stößt auf unseren Widerstand.

Schließlich gibt es da noch eine unüberblickbar große Menge von Emotionen, die uns in Form von Ängsten, Verkrampfungen und sonstigen Negativeinflüssen von der Wissensaufnahme fernzuhalten suchen.

Desuggestion – so heißt das Zauberwort gegen diese Barrieren. Dazu gibt es Ansatzpunkte auf folgenden vier Ebenen:

- **Schaffen einer positiv-suggestiven Lernatmosphäre**

  Der Ort des Lernens soll die ungestörte Aufnahme des Lernstoffes ermöglichen, eine entspannte Haltung gestatten und eine hohe Qualität der Kommunikation fördern. Er soll dem Lernenden schmeicheln, ihn verwöhnen.

- **Offene geistige Einstellung**

  Sie entsteht in einem Klima, das Vertrauen schafft, Lerneifer erzeugt, zum Fragenstellen motiviert, spontanes Lernen durch Erleben gestattet (wie Kinder) und hilft, komplexe Zusammenhänge zu begreifen. Es behebt Ängste, macht

Lernende neugierig (gierig auf Neues), läßt Speicherfähigkeit zurückgewinnen, vermittelt Sorglosigkeit gegenüber dem Fehlermachen.

- **Autorität**

  Die Funktion des Lehrers ist die eines Wissensvermittlers, sein Ansehen gründet sich auf Kompetenz. Indem er sich seiner Stärken und Schwächen bewußt ist und daraus keinen Hehl macht, baut er alten Schülerängsten vor.

- **Einbeziehen der Randeindrücke**

  Die neben der verbalen Kommunikation existierenden Sinneseindrücke wie Gesten, Mimik, Körpersprache, Betonung und Rhythmus der Sprache werden im Superlearning genutzt als Zugangswege für Lernreize, vorzugsweise für die meist geringer genutzte rechte Gehirnhälfte (vgl. Abschnitt 8.3, »Unser Gehirn und seine zwei ungleichen Hälften«)

Die Elemente des Superlearnings

Die oben erläuterten Ansätze führen zu den Elementen des Superlearnings:

1. Wirksame Entspannung
2. Angenehme Lernatmosphäre
3. Trainierte Atemtechnik
4. Spezialisierte Lehrkräfte
5. Speziell aufbereitete Materialien
6. Aufgelöste Lernblockaden
7. Geeignete Musik
8. Organisierte Wiederholung und Aufarbeitung

Element 1: Entspannung

Die am meisten verbreitete Methode für die Entspannung ist das Autogene Training, aber es werden auch andere benutzt, z. B. Meditation, Alpha-Training, Progressive Muskelentspannung. Die Anweisungen zu diesen Entspannungsprogrammen können von den lehrenden Personen direkt oder von einer

Tonkonserve kommen, wobei man solche Kassettenprogramme kaufen oder selbst herstellen kann. Übung macht auch hier den Meister. Deshalb wird empfohlen, vor dem Start zum Lernen das Entspannen eine Weile zu üben.

☞ **Körper und Geist in besonderem Maße entspannt – eine wichtige Voraussetzung für Superlearning**

Element 2: Angenehme Lernatmosphäre

Zum erfolgreichen Superlearning gehört eine positiv-suggestive Lernatmosphäre. Hier die Merkmale einer geeigneten Lernstätte:

- Offene, halbkreisförmige Sitzgruppe – ermöglicht offene, spontane Kommunikation, sie eint und schafft gleichzeitig Raum
- Regelbare Lichtverhältnisse
- Bequeme Bestuhlung, möglichst Liegestühle
- Eine gute Anlage zur Wiedergabe von Tonkonserven

☞ **Superlearning braucht eine angenehme Atmosphäre**

Element 3: Trainierte Atemtechnik

Es ist außerordentlich wichtig, daß wir beim Lernen nicht außer Atem kommen, denn das wäre eine hohe Lernbarriere. Lernrhythmus und Atmung scheinen für die Aufnahme des Lernstoffes von großer Bedeutung zu sein, das hängt wohl mit dem hohen Sauerstoffbedarf beim Lernen zusammen.

Die meisten Autoren von Superlearning-Lehrprogrammen und -kursen bevorzugen eine einfache Methode: Während die zu lernende Aussage vom Lehrer oder vom Tonträger läuft, soll der Schüler den Atem anhalten (etwa vier Sekunden lang). Danach folgt eine Pause zum Ein- und Ausatmen, und es folgt eine neue Aufnahmephase.

 Einfache Regel: Atem anhalten, solange Aussage dauert.

Element 4: Spezialisierte Lehrkräfte

Das Ansehen des Lehrers gründet sich auf solides fachliches Können und auf seine treffsichere Körpersprache. Er ist ein Mensch mit Stärken und Schwächen, er verbreitet Ruhe und Sicherheit, beugt Ängsten vor. Es gibt keinen Streß durch Leistungsdruck und keine Macht durch Zensurenlisten.

 Lehrer und Schüler kämpfen nicht gegeneinander, sondern sie spielen miteinander.

Element 5: Speziell aufbereitete Materialien

Gute Seminare von kompetenten Anbietern sind Kassettenprogrammen dadurch überlegen, daß der Pädagoge auf die spezifischen Belange des einzelnen Schülers eingehen und ihn auf optimale Aufnahmefähigkeit vorbereiten kann, aber auch durch die gruppendynamischen Wiederholungs- und Vertiefungsprozesse.

Wer den Lernstoff selbst aufbereiten will, sollte darauf achten, daß der Text beim Wiederholen eine leichte Visualisierung zuläßt. Es ist also wichtig, »in Bildern zu sprechen« (im Hinblick auf Element 8).

 Entscheidend für den Erfolg: methodengerechtes Material

Element 6: Aufgelöste Lernblockaden

Reize von außen wie Straßenlärm, Gesprächsfetzen oder Telefonrufton belasten uns, aber auch Impulse von re-stimulierten alten Zielvorstellungen, unerfüllten Erwartungen, bedrohenden Vorhersagen und ausufernden Phantasien. Die damit verbundenen angstbesetzten Bilder erzeugen in uns Streß und errichten wirkungsvolle Lernbarrieren. Sie einzureißen erfordert Überwindung, denn sie sind auf Selbsterhaltung programmiert und besitzen deshalb eine Abneigung gegen Bewußtmachung.

Positive Gedanken dagegen wirken entspannend. Ihnen den Weg zu ebnen, ist ein Hauptanliegen guter Superlearning-Programme. Da der einzelne Lernende individuell angesprochen werden muß, können keine allgemeinen Anleitungen helfen.

Hier nur eine Gegenüberstellung negativer und positiver Lerneinstellungen:

–	+
Lernen ödet mich an	Lernen macht mir Freude
Ich vergesse so leicht wieder alles	Mein Gedächtnis ist gut
Sprachen sind meine große Schwäche	Sprachen interessieren mich sehr
Bis ich mal was kapiere!	Ich begreife ebensogut wie andere
Ich kann mich schlecht konzentrieren	Ich konzentriere mich beim Lernen
Lernen macht mich nervös	Ich lerne leicht und locker

☞ **Die Ampel zum Lernerfolg leuchtet grün bei positivem Denken, rot bei negativem.**

Element 7: Geeignete Musik

Daß Körper und Geist von der Musik nachhaltig beeinflußt werden können, ist eine recht alte Weisheit. Zwischen dem einschläfernden Wiegenlied, der aufputschenden Marschmusik und dem »anturnenden« Technosound gibt es vieles, was Gemüter bewegen kann, es gilt nur, Musik zu finden, die den Lernprozeß wirklich unterstützt. Langsame Sätze aus Kompositionen von Bach, Händel und Vivaldi sind hervorragend geeignet. Der Rhythmus soll etwa 60 Schläge pro Minute haben und damit eine Verlangsamung des Pulsschlages bewirken.

> **Ausgewählte Musik entspannt und bringt die Aufmerksamkeit mehr nach innen.**

Element 8: Organisierte Wiederholung und Aufarbeitung

Ohne Wiederholung geht es auch beim Superlearning nicht. Das läuft im Prinzip so ab:

In der **aktiven Lernphase** erfolgt zunächst der Vortrag laut Element 3, daran anschließend ein Nachsprechen des Lernstoffes durch den Lernenden im Chor bzw. allein. Dem folgt die **passive Lernphase**, bestehend aus:

• Hören der Lektion im bequemer Liegestellung mit geschlossenen Augen
• Visualisieren des Lernstoffes (bewegte Bilder dazu formen)
• ggf. Aktivierungsimpulse wie Rollenspiele

> **Jetzt wird der Stoff ganzheitlich im Gedächtnis eingelagert.**

Anwendungsgebiete für Superlearning

Superlearning wird hauptsächlich und überwiegend beim Lernen von Fremdsprachen angewendet. Eifrige Verfechter dieser Methode versichern jedoch, daß sie sich auch vorbehaltlos auf alle anderen Lerngebiete anwenden ließe, also auch für Physik, Motorradfahren oder Guitarrespielen zum Beispiel.

Nun, der große Hemmschuh für eine Verbreitung ist die aufwendige Umgebung und Einrichtung, mehr aber noch die umfangreiche Vorbereitung des Lernstoffes. Aus demselben Grund können käufliche Kurse nicht billig sein, zumal die Lehrkräfte hervorragend geeignet und ausgebildet sein müssen. Da fragt es sich in vielen Fällen, ob Aufwand und Nutzen in einem guten Verhältnis zueinander stehen. Wem die Methode besonders gut liegt und wer von ihr überzeugt ist, den wird der größere Aufwand allerdings kaum stören.

Von den Methoden, die als Grundlage einen dem Superlearning sehr ähnlichen Ansatz verwenden und darauf eigene Akzente setzen, sei hier »Sita« als Beispiel erwähnt. Hierbei werden Apparate zur Einleitung und Kontrolle der Entspannung eingesetzt, sogenannte Bio-Feedback-Geräte (siehe hierzu auch Abschnitt 4.3.3). Daneben arbeitet Sita mit einem speziellen didaktischen Konzept. Weitere Lernmethoden auf der Basis der Tiefenentspannung zeigt das nächste Kapitel.

☞ | **Superlearning ist eine hervorragende Ergänzung der Lernmethoden, bahnbrechend für die Nutzung der Entspannung.**

4.3.2   Lernen im Schlaf

Die Lösung aller Lernprobleme?

Was zunächst wie ein Witz anmutet, hat unter bestimmten Bedingungen durchaus seine Berechtigung: Man kann im Schlaf lernen. Es funktioniert in der Traumphase – und nur hier. Die zu lernenden Texte, Vokabeln oder Formeln werden von einem Tonwiedergabegerät abgespielt.

Die Vorgehensweise

- Der Lernstoff muß auf den Tonträger (vorteilhafterweise Endlosband) aufgesprochen werden, und zwar etwa zehn Minuten lang
- Deutlich sprechen und gut betonen (jede Kleinigkeit prägt sich ein)
- Wiedergabegerät von einer Zeitschaltuhr $2^1/_2$ Stunden nach voraussichtlicher Einschlafzeit einschalten lassen und die Nacht durchlaufen lassen (das trifft mit großer Wahrscheinlich die Traumphasen)

Zur Vertiefung ist es ratsam,

- am Morgen die Kassette noch zwei- oder dreimal anzuhören und bewußt wahrzunehmen, und
- tags darauf den Stoff behandeln durch Nachsprechen, Unterhaltung oder im Spiel.

Hinweise

- Exaktere Nutzung der tatsächlichen Traumphasen ist möglich durch eine Steuerung des Wiedergabegerätes durch ein EEG-Meßgerät, wodurch die typischen Frequenzen aufgespürt werden. Damit lassen sich die tatsächlichen Traumphasen optimal nutzen.
- Der Lernstoff sollte in einem Zeitraum von drei bis fünf Tagen wiederholt werden, bevor ein neuer Text begonnen wird.

Auswirkungen auf den Regenerierungseffekt des Schlafes

Das Zuführen von Lernstoff innerhalb der Traumphase stört den Regenerierungseffekt des Schlafens nicht, da sich das zu einer Zeit abspielt, wo das Denksystem ohnehin beschäftigt ist, nämlich mit der Behandlung von Trauminhalten. Allerdings kann es passieren, daß wichtige Trauminhalte Vorrang haben, dann werden die Lerninhalte nicht hereingelassen.

Anwendungsgebiete und kritische Würdigung

Bekannt wurde die Methode vor rund 60 Jahren durch eine amerikanische Schauspielerin, die ihre Rolle auf diese Weise erfolgreich lernte. In der Folgezeit gab es immer wieder Berichte über erstaunliche Ergebnisse. Vorteilhaft ist sicher die Nutzung »toter Zeit« fürs Lernen. Andererseits ist der Vorbereitungsaufwand erheblich und die Kapazität sehr beschränkt (zehn Minuten Text alle vier Tage).

☞ **Lernen im Schlaf geht völlig ohne Anstrengung, ist im Normalfall aber langwierig.**

4.3.3 Ergänzende Entspannungsmethoden

Gemeinsamer Nenner: Begleitende Methode

In den letzten zwei bis drei Jahrzehnten sind eine Reihe von »neuen« Lernmethoden entwickelt und propagiert worden, die sich im wesentlichen auf eine besonders wirksame Entspannung beschränken. Somit kann man sie als vorbereitende bzw. begleitende Methode in Ergänzung zu einer anderen betrachten.

Die bekanntesten sind:

1. Bio-Feedback

Feedback, also die Rückmeldung von Informationen an das ursprüngliche System über ein Fremdsystem, wird hierbei auf unsere biologischen Reaktionen (Ursprung) und ein Meßgerät (Fremdsystem) bezogen. Der Mensch erhält Informationen über seinen physiologischen Zustand als akustische und/oder optische Reize und kann diese als Anlaß zur Zustandsänderung nutzen. Die Methode bezweckt höhere Selbstkontrolle über Einkehr und Versenkung und über die damit verlangsamten Denkabläufe. Die Nähe zu Yoga ist unverkennbar, die Forschung ist offensichtlich angeregt durch Superlearning und Schlaflernen.

Bio-Feedback ist also eine **Entspannungsmethode**, nicht mehr und nicht weniger. Der Lernende bekommt Informationen über seinen Spannungszustand und kann diesen dann bewußt abbauen.

2. Mind machines und Megabrain Technologie

Diese »Maschinen« sind eine Fortführung der Bio-Feedback-Idee: Die Meßwerte werden dazu benutzt, um den Lernenden situationsgerecht durch Geräusche, Lichtblitze, Stromstöße oder Magnetfeldveränderungen zu beeinflussen. Er selbst greift nicht bewußt ein. Auch hier geht es natürlich um eine Entspannung, zusätzlich geht man von einer spezifischen Hormonausschüttung aus. Die Ähnlichkeit mit einer Beeinflussung durch Drogen ist nicht zu leugnen. Wenn man diesen Weg der Tiefenentspannung weiterspinnt, ist der Gedanke an Gehirnwäsche nicht mehr fern.

Die Verfechter dieser Methoden verweisen auf die Tatsache, daß wir nur einen Bruchteil unserer Gehirnleistungsfähigkeiten benutzen und daß sich hier Mittel und Wege auftun, diesen Wirkungsgrad außerordentlich zu »verbessern«.

3. Subliminale Lernbeeinflussung

Das geschieht auf der Grundlage von Wörtern und Aussagen, die wiederholt in die Audio-Sphäre eingestreut werden und unmittelbar das Unterbewußtsein ansteuern. Das Gesamtkonzept ist so gestaltet, daß die bewußten Verstandesfilter umgangen werden. Ziel dieser Methode ist es in erster Linie, Impulse zum Kaufen oder zu Verhaltensänderungen zu geben. Als Methode zum Lernen eines Themas scheint ein Einsatz mehr als fraglich.

4. Lernen im Tank

Zweck dieser Methode ist das völlige Ausschalten aller sensorischen Reize auf den Lernenden. Dazu befindet er sich in einem »Tank«, schwimmend im Salzwasser (trägt ohne Schwimmbewegungen!) bei Körpertemperatur. Im Dunkeln, bei völliger Ruhe und mit dem Gefühl der Schwerelosigkeit wird eine unvergleichliche Tiefenentspannung erreicht. Die daraus resultierende innere Sammlung befähigt zu besonders effektiver Aufnahme von Informationen. Daneben werden Erfolge bei der Kreativitätssteigerung gelobt, es wird vom »Rausziehen des Steckers« gesprochen und den dadurch möglichen neuen Denkansätzen.

Auch hier gilt: Als Entspannungsmethode zur Unterstützung einer anderen Lernmethode einsetzbar.

 Wer sich von besonders tiefer Entspannung Vorteile verspricht, ist mit diesen Verfahren gut bedient, besonders dann, wenn er den Entspannungszustand durch Apparaturen feststellen und daraus Impulse empfangen will.

4.3.4 Und Hypnose?

Was Hypnose wirklich ist

Trance, also der Zustand des In-Hypnose-Seins, ist entspannte Wachsamkeit, nicht identisch mit Schlaf oder Bewußtlosigkeit, das läßt sich mit EEG-Messungen nachweisen.

Um ein weiteres Mißverständnis auszuräumen: Hypnose ist nur mit der inneren Zustimmung des Betreffenden möglich und hat wenig mit dem zu tun, was Show-Hypnosen glauben machen: Steuerung von Willenlosen.

Hypnose, auch und besonders als Selbsthypnose praktiziert, kann folgende Wirkungen erzielen:
- effektive Entspannung, Entfall von Streß
- Bewältigung emotionaler Belastungen
- Abstand gewinnen

- Umstellung der Körperphysiologie
- äußerste Wachheit, ganz bei der Sache sein

Wie man durch Selbsthypnose in Trance kommt

Hier kennt man fünf Schritte, die für sich allein oder auch in Kombinationen miteinander zum Erfolg führen:

1. Atmen

Ändern der Befindlichkeit durch eine bestimmte Atemtechnik.

2. Fließende Ruhe

Unterbrechung der psychosomatischen Rückkopplung durch Abkoppeln des bewußten Denkens vom Körper.

3. Fixation

Lenken der ganzen Aufmerksamkeit auf etwas Bestimmtes und damit Beeinflussung körperlicher und seelischer Reaktionen.

4. Levitation (unwillkürliches Anheben)

Körperteil (Hand oder Arm) in Trance gehen und Empfindungen erfahren lassen.

5. Imagination

Vorstellung der gewünschten Situation oder des gewünschten Zustandes.

Welchen Nutzen man aus Hypnose ziehen kann

Der methodisch angewandten Hypnose (auch Selbsthypnose) werden folgende Nutzeffekte zugesprochen:

- Streßbewältigung
- Gesteigerte Konzentrationsfähigkeit
- Mobilisierung von latenten Fähigkeiten
- Bewältigung der Vergangenheit (»Zeitreise«)
- »Inneres« Aufräumen
- Vorwegnehmen der Zukunft (Vorstellung)

Nehmen wir nun diese Dinge unter dem Aspekt des effektiven Lernens unter die Lupe, dann sind vier Gesichtspunkte zu erkennen, die das Lernen begünstigen:

- Die Reduzierung der »Altlasten« läßt leichter eine positive Einstellung zum Lernen finden.
- Eine gute Entspannung erhöht die Wahrnehmungs- und Speicherfähigkeit.
- Zukunftsorientiertes Denken läßt Ziele eher real werden.
- Bewußtmachen der Ressourcen befruchtet den Lernprozeß.

Leider bietet die Hypnose nicht das, was man bei oberflächlicher Betrachtung vermuten könnte: Wissenszufuhr in Trance nach Art des Nürnberger Trichters. Insofern benutzt sie lediglich die Vorteile tiefer Entspannung beim Lernen, ähnlich dem Superlearning, ohne wie dort die Wissensübertragung zu organisieren.

☞ | **Hypnose kann als gutes Mittel zur Entspannung genutzt werden. Sie ist aber kein Zustand, in dem alles von alleine geht.**

4.4 Methodische Tricks

4.4.1 Auswendiglernen

Bekannt und beliebt

Für diese Methode gibt es klassische Anwendungen:

- Gedichte
- Theatertexte
- Namen
- Geschichtsdaten

Das gemeinsame Problem, das mit Auswendiglernen gelöst werden soll, lautet: Schriftliche Unterlagen sind nicht einsetz-

bar (z. B. Theater), verpönt (z. B. bei Namen) oder verboten
(z. B. Schule). Wenn dem, was wir behalten wollen oder müssen, eine logische Struktur anhaftet, paßt das unserem Speicher besser ins Geschäft. So fällt einem die Reihenfolge der Strophen von Schillers »Glocke« zu, wenn man weiß, wie so ein Gegenstand gegossen wird. Die Texte eines Theaterstücks haben auch eine gewisse logische Abfolge, an der sich der Schauspieler orientieren kann.

Auswendiglernen ist – zumindest für die meisten – eine mühsame und langwierige Angelegenheit. Deshalb sollte man stets nach verstehbaren Strukturen forschen, bevor man mit dem »Büffeln« beginnt.

Anwendungsgebiete

Besonders beliebt ist das Auswendiglernen in Kindergarten und den ersten Schuljahren. Teilnehmer von Weiterbildungsseminaren bis hin zu höheren Führungskräften sehen sich hin und wieder mit dieser Methode konfrontiert und fühlen sich dann gelegentlich in die Grundschule versetzt. Ziel ist offenbar das Einhämmern von Informationen ins Unbewußte. Ein weites Anwendungsfeld ist außerdem das Lernen auf eine Prüfung hin. Viele suchen darin ihre Zuflucht, obwohl das strukturdurchdringende Lernen die rationellere Methode wäre.

Kritische Betrachtung

Wo nicht zwingend erforderlich, kann Auswendiglernen nur eine Notmaßnahme in besonderen Situationen sein. Es haftet schlecht, besonders ohne begleitendes Strukturgerüst. Wo es gemacht wird, sollte es nicht auf immer und ewig mechanisch eingesetzt werden. Eine nachgeholte Durchdringung und Überprüfung ist ein gutes Rezept. So machen wir es auch als Kind, der eine mehr (der wird auch mehr), der andere weniger (der bleibt auf seiner Meinung hocken).

☞ | **Auswendiglernen soll nur der, der nicht anders kann.**

4.4.2 Mind-mapping

Die Methode

Hier geht es um eine Methode, die hervorragende Dienste beim Durchdringen eines Themas leisten kann. Sie verbindet Sprache und bildhaftes Denken miteinander und beteiligt beide Gehirnhälften an der Lernarbeit.

Mind-mapping nutzt die Tatsache, daß wir unsere Gedanken in Form von Bildern ablegen. Um erinnerungsgerechter speichern zu können, werden Schlüsselbegriffe und -aussagen organisiert, methodisch strukturiert und dann als Übersichtsbild dargestellt. Damit wird erreicht:

- **Strukturelle Vernetzung** bei der Informationsaufnahme, die dann das Erinnern wirksam erleichtert.
- Bildhafte Darstellung wird der **Spontaneität** und **Sprunghaftigkeit** unseres Denksystems besser gerecht als das relativ langsame Formulieren von Sätzen.
- **Ganzheitliche Erfassung** von Zuständen.
- **Nachträgliche Ergänzung** durch zusätzliche Erkenntnisse leicht möglich.

Anwendungsgebiete

Mind-mapping ist eine zusätzliche Lernmethode zur Steigerung der Lerneffektivität mit folgenden Anwendungsmerkmalen:

- Aufnehmen des Lernmaterials parallel zur Grundmethode (z.B. Basismethode) zur optimierten Speicherung der Inhalte.
- Sortieren der Gedanken zu einem Thema, sowohl zur Rekapitulation des Wissens als auch zum Brainstorming für neue Ideen.
- Skript zum Vortrag oder zur Konferenz/Besprechung.

Grundregeln

1. Themakasten in der Blattmitte
2. Hauptgedanken sternförmig als Äste

3. Zusätzliche Gedanken als weitere sternförmige Verästelungen und Zweige
4. Treffend formulierte Substantive oder Kurzaussagen sollten ohne Drehen des Blattes lesbar sein
5. Block- statt Schreibschrift (wegen der leichteren Lesbarkeit)
6. Abhängigkeiten markieren durch Pfeile, Wichtigkeiten durch Farbe
7. Markierungsmöglichkeiten (kein Dogma)
   - Reihenfolge (z. B. Zuständigkeiten, Bearbeitung)
   - Namen
   - Termine
   - Warnhinweise
   - Status (z. B. unfertige Idee)

Beispiel: Mind-mapping zum Thema »Lernmethoden«

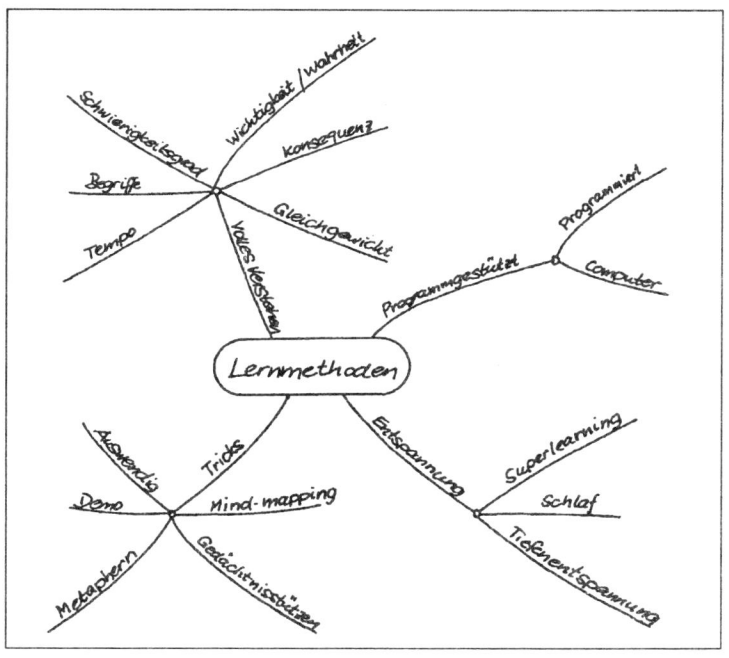

4.4.3 Gedächtnisstützen und Merktechniken

Um was es geht

Hier wird die Trickkiste geöffnet: Durch Verknüpfen mit fundamentalem Wissen (z. B. Zahlen) werden Gedächtnisinhalte auf bestimmte Erinnerungsschienen gebracht. Als »Eselsbrücken« dienen neben den Zahlen auch Buchstabenreihen, Symbole und Merkreime.

An den folgenden Beispielen soll gezeigt werden, was man damit machen kann.

Beispiel: Merkreim

Wer kennt nicht aus der Schule dieses griechische Geschichtsereignis: »drei – drei – drei – bei Issos Keilerei«? Hier ist ein spaßiger Reim die Heftklammer, an der die Erinnerung hängt.

Beispiel: Zahlen und Rechenaufgaben

Telefonnummern, Hausnummern, Postleitzahlen und Autokennzeichen kann man sich leichter merken, wenn man die einzelnen Ziffern in Beziehung zueinander bringt. Sie können eine auf- oder absteigende Reihe bilden, spiegelbildlich sein oder sonstige Regelmäßigkeiten aufweisen (z. B. 246897531). Wer Spaß am Zahlenspiel hat, kann die Telefonnummer in eine Rechenaufgabe verkleiden (z. B. 36 42 78: 36 + 42 = 78). Hauptsache, der Merkzweck wird erfüllt. Der rechtfertigt sogar einen Ulk wie den mit der Zahl 12 25 318: 12 mal 25 ist nicht 318.

Beispiel: Buchstabenfolgen

Die Monate mit 30 Tagen kann man sich merken mit dem Kunstbegriff:

AP JU SE NO.

Beispiel: Verknüpfen des Merkobjekts mit symbolisierter Zahlenreihe

Grundgerüst dieses Tricks ist die Zuordnung der Ziffern zu Gegenständen, die den Ziffern ähneln und so als Symbol für sie verwendet werden können:

1		Kerze	6		Elefant
2		Schwan	7		Fahne
3		Dreieck	8		Sanduhr
4		Koffer	9		Golfschläger
5		Hand	0		Ei

(Nach Vera Birkenbihl*)

Die Aufgabe möge nun lauten, sich zwölf Gegenstände zu merken, und zwar in der vorgegebenen Reihenfolge. Außerdem sollen sie auch einzeln gewußt werden, einmal wenn man die Reihenfolgeziffer nennt, aber auch die Reihenfolgeziffer beim Nennen der Sache.

Man ersinnt nun für den zu merkenden Begriff eine logische Verknüpfung mit der zugehörigen Zahl, im Beispiel zur Ziffer »5« den Begriff »Sonne«:

»Bei starker Sonne halte ich die Hand vor Augen.«

Nun kann ich die Verknüpfung in beiden Richtungen benutzen:

---

* Vera Birkenbihl, »Stroh im Kopf?«, Offenbach, 1983, S. 56/57

- Beim Aufruf »5« denke ich an die Hand und über die Verknüpfung komme ich auf »Sonne«, und
- beim Aufruf »Sonne« komme ich über die Verknüpfung auf »Hand« und damit auf »5«.

Das gesamte Konzept könnte so aussehen:

Nr.	Begriff	Gedankliche Verknüpfung
1	Fußball	Fußball zu Weihnachten bei Kerzenschein geschenkt
2	Haarausfall	Den Schwänen fallen Federn aus statt Haare
3	Turnschuhe	Turnschuhe hängen an Triangel
4	Kartoffelsalat	Koffer ist gefüllt mit Kartoffelsalat
5	Sonne	Ich halte bei starker Sonne die Hand vor die Augen
6	Rückwärtsgang	Beim Rückwärtsgehen trompetet der Elefant
7	Couch	Ich sitze im Stadion auf einer Couch und halte meine Vereinsfahne hoch
8	Frühstück	Mein Frühstück dauert so lange wie Sanduhr läuft
9	Schreibmaschine	Ich bediene die Tasten mit einem Golfschläger
10	Schule	Auf der Schulbank steht eine Kerze auf Eierschalen
11	Telefonhörer	Der Telefonhörer liegt zwischen zwei Kerzen
12	Radieschen	Ein Schwan verbrennt sich an Kerze und frißt Radieschen

Anwendungsgebiete sind in erster Linie dort, wo man sich bestimmte Begriffe – bis zu etwa 20 an der Zahl – merken will. Nebenbei prägt sich die Reihenfolge ein, die um so nachhaltiger im Gedächtnis bleibt, je ausgefallener sie ist. Wichtig: sie muß von einem selbst kommen. Seinen größten Wert zeigt dieser Trick, wenn man jemanden verblüffen will.

 Eselsbrücken können sich trotz ihrer »Dummheit« als sehr nützlich erweisen – und sei es nur für kurze Zeit.

Namen besser behalten

»Wie war noch der Name gleich?« Damit er nicht nur auf der Zunge liegt, sondern auch über die Lippen kommt, müssen wir uns an ihn erinnern können.

Dazu gibt es ein paar nützliche Tricks:

- Interesse für den Namensträger aufbringen,
- genau hinhören, wenn er seinen Namen sagt (in dem Moment nicht schon denken: »Was soll ich gleich sagen?«),
- wenn Sie den Namen nicht ganz verstanden haben, ihn wiederholen lassen,
- selbst nicht sparsam sein mit dem Reden und den Namen immer wieder mit einbinden und nennen,
- den neuen Namen so bald wie möglich aufschreiben (wenn er besonders wichtig ist für Sie); notfalls den Namenszug nachvollziehen: mit dem Finger in der Luft, auf dem Tisch, mit dem Fuß), und
- merken Sie sich das Gesicht und sonstige Besonderheiten der Person und bringen Sie das mit dem Namen in Verbindung.

Wenn man sich mehrere Namen merken will oder muß, greift man zu diesen Mitteln:

- Kommen Sie mit jedem ins Gespräch!
- Besorgen Sie sich vorher oder nachher die Gästeliste!
- Stellen Sie Eselsbrücken her vom Namen zu den Besonderheiten (ideal, wenn der Herr Blank eine Glatze hat)!
- Fragen Sie ggf. herum, wer die Leute sind (oder waren)!

☞ **Einen neuen Namen merkt man sich am besten, wenn man ihn häufig benutzt und wenn man ihn mit einer besonderen Erfahrung oder Erkenntnis verbindet.**

4.4.4   Klarheit schaffen durch Demo

Was gibt es hier zu demonstrieren?

»Demonstration« ist auch so ein Wort mit mehreren Bedeutungen. Hier wird es gebraucht im Sinne von »etwas zeigen«.

Wenn man mit seinem Lernmaterial arbeitet, ist man mit den Unterlagen »unter sich«. Man stellt sich die Dinge vor, die dort behandelt werden. Doch darin liegen, wie wir wissen, Gefahren: Die fehlenden physischen Massen sowie das ausbleibende praktische Tun können eine Lernbarriere bilden. Bevor das geschieht, gehen wir ans Demonstrieren und zeigen uns die Sache selbst.

Das kann auf folgende Arten geschehen:

1. Mit Skizze oder Zeichnung,
2. als Situationsdarstellung aus »nutzlosen« Gegenständen oder
3. mit Knetmasse.

Zu 1: **Skizze oder Zeichnung**

Man macht eine Skizze oder Zeichnung auf einem Blatt Papier oder einer Tafel mit den beteiligten Personen und Dingen sowie den vorkommenden Handlungen, Erscheinungen und Gedanken.

Zu 2: **Situationsdarstellung aus »nutzlosen« Gegenständen**

Man nimmt eine Reihe von »nutzlosen« Gegenständen wie Büroklammern, Minen, Steine, Klötzchen, Knöpfe oder dergleichen, ordnet sie den beteiligten Lebewesen, Dingen, Handlungen und Gedanken zu. Man baut so ein Bild mit Ersatzmassen auf.

Ein Beispiel dazu:

Die Nichtschwimmer Heinz und Klaus wollen einen kleinen Fluß überqueren, und das ohne Brücke und ohne Boot. Nun ist die Möglichkeit zu zeigen, wie man einen Baum so geschickt fällt, daß er als Brücke genutzt werden kann. Zwei Kugelschreiberminen bilden die Ufer, ein länglicher Holzklotz stellt den Baum dar, eine Büroklammer soll die Axt sein, Heinz und Klaus letztlich werden durch zwei Münzen repräsentiert. Durch Bewegen der Gegenstände kommt Klarheit in die Situation: Der gefällte Baum stützt sich auf den Ufern ab und bildet eine Brücke, über die die Männer auf die andere Flußseite gelangen.

Ein sehr simples Beispiel. Doch nehmen wir einmal an, wir müßten die Situation einem Kind erklären, einmal mit und einmal ohne Demonstration. Ob es da mit Demo nicht doch besser geht? Überträgt man den Trick auf kompliziertere Situationen, dann zeigt sich, daß er recht nützlich sein kann.

Zu 3: **Knetmasse**

Statt des Demo-Materials kann man auch Knetmasse nehmen. Damit kommen wir vom Symbolcharakter der Gegenstände etwas weg und können mehr gestalten, zum Beispiel die Gesichtsausdrücke der Personen. Es ist bei weitem die beste Art des Demonstrierens, und man wendet sie am ehesten in besonders schwierigen Situationen an oder wenn man in einer Sache feststeckt.

Wem zeigen wir es?

Mit diesen Demo-Methoden können wir jemandem zeigen, ob und wie genau wir eine Sache verstanden haben. Man kann damit sogar so etwas wie eine Prüfung ablegen. Der hauptsächliche Nutzen liegt aber darin, daß man die Sache sich selber zeigt. Notwendigerweise muß man sich in die Lage eines anderen versetzen, wenn man etwas erklären will, und dazu muß man es selbst zuvor verstanden haben.

☞ | **Eine Demo zeigt schonungslos, ob etwas verstanden worden ist oder nicht.**

4.4.5 Metaphern

Was das ist

Wörter beeinflussen den Menschen. Gehörte oder gelesene Begriffe führen zu Reaktionen. Bestimmte Begriffe haben dabei eine größere Bedeutung und führen zu besonderen Effekten beim Empfänger. Das ist dann der Fall, wenn das Wort mit ganz persönlichen oder auch allgemein verbreiteten Emotionen* behaftet ist. Beispiele sind »Partneruntreue« (persönlich), »Krieg« (allgemein).

Solche Wörter sind mit bestimmten Bildern, Geräuschen, Gegenständen oder Handlungen innig verknüpft. Sie zu benutzen heißt, beim Empfänger die assoziierten Gedanken zu re-stimulieren. Im Grunde genommen ist das so etwas wie eine Manipulation, bekannt unter der solideren Bezeichnung »Metapher«. Doch das ist uns sicher nicht bewußt, wenn wir

---

* Emotionen = Gefühle, die einem Verhaltensmuster folgen (vgl. Abschnitt 8.2.3, »Wir speichern auf ›Nimmerwiedervergessen‹«)

diesen Effekt nutzen, um einen Begriff über einen Vergleich zu erklären.

Beispiele:

- Mir platzt der Kragen!
- Er hat eine lange Leitung.
- Die Mannschaft bekam was aufs Dach.
- Der Flußarm bog nach rechts.
- Das Wasser stand ihnen bis zum Hals.

Was geschieht hier eigentlich? Wir wollen etwas vermitteln und tun das nicht unmittelbar, sondern mit Hilfe eines Vergleichs. Dabei gehen wir davon aus, daß der Vergleichsbegriff den Empfänger besser trifft als das »Original«. Ein platzender Kragen, den wir hier als Vehikel für unsere Information benutzen, symbolisiert das Ende einer Geduldsphase. Verstärkend wirkt in diesem Falle die Tatsache, daß es sich um eine eingeführte Metapher handelt, sie ist in aller Munde.

Natürlich begegnen wir den Metaphern beim Lernen auf Schritt und Tritt, sie sind beliebt bei guten Lehrern wie bei erfolgreichen Lernmaterialautoren. Das sollte uns anregen, sie von uns aus beim Lernen einzustreuen.

Nachfolgend ein Beispiel aus den Anfangslektionen der Elektrizitätslehre:

Strom und Spannung, elektrischer Widerstand und elektrische Leistung, das alles kann man nicht sehen, und es läßt sich Einsteigern nicht so leicht nahebringen. Vergleichen wir nun diese Begriffe mit Bezeichnungen aus einem vertrauten Gebiet, dem fließenden Wasser und seinen Gesetzmäßigkeiten, dann fällt der Einstieg leichter. Die Menge des fließenden Wassers als Strom, das Bewegungsvermögen des Wassers beim Herabfließen vom Berg als Spannung, Verengungen in der Leitung als Widerstand sowie die in einer bestimmten Zeit verrichtete »Fließarbeit« als Leistung zu begreifen, bereitet kaum noch jemandem Schwierigkeiten.

Hier wird also die Terminologie der Wassertechnik zur Klärung elektrischer Vorgänge eingesetzt.

Was das bringen kann

Metaphern verhelfen zu manchem spontanen Durchblick. Außerdem leisten sie hervorragende Dienste beim Vernetzen und Verankern der neu eingegangenen Informationen. Genau genommen sitzen an vielen Schaltstellen unseres Speichers Metaphern, die uns zum richtigen Inhalt führen. Die bestehenden Ähnlichkeiten dürfen allerdings nicht dazu führen, die Dinge absolut gleichzusetzen. Im Falle des elektrotechnischen Beispiels würde das bald ins Chaos führen. Metaphern sind ein Fingerzeig auf den Punkt, sie bedeuten keine undifferenzierte Gleichsetzung aller betrachtbaren Dinge des Gebietes.

☞ **Metaphern sind beim Lernen außerordentlich nützlich. Es sind Vergleiche, aber eben nur das.**

5 Techniken zu höherer Lerneffektivität

5.1 Wiederholen

Erfahrungsgemäß entfallen uns die weitaus meisten Informationen, die wir gerade aufgenommen haben, innerhalb der nächsten Stunde. Deshalb haben wir uns an das »Verdauen« nach dem »Wiederkäuen« gewöhnt, wenn wir etwas behalten wollen. Ohne Wiederholen eines Lernstoffes ist sicheres Wissen kaum möglich.

Wir wiederholen, um zu prüfen, ob die Sache »sitzt«, und dann gehen wir sie nochmals durch. Dabei gibt es Regeln, Tips und Erfahrungen:

- Je häufiger wiederholt wird, desto besser »haftet« es. Jedoch: Es muß einen Sinn ergeben, d. h. die Motivation muß bei jedem Wiederholen noch stehen. Sonst wird »überlernt«, und das ist sinnlos.
- Beim mehrfachen Wiederholen sollten die Abstände größer werden.
- Viele haben gute Erfolge mit dem »subvokalen Memorieren«. Hier werden Beobachtungen aus dem Lernvorgang sprachlich wiederholt, und zwar als Wort oder besser noch als Satz. Das kann stumm, besser aber laut geschehen.
  Beispiel: Mit dem Satz: »Die Mündung eines Flusses liegt immer tiefer als die Quelle« kann man sich ein physikalisches Gesetz einprägen.
- Besonders wirkungsvoll ist das Wiederholen in einem neuen Kontext: Wörter in Sätzen oder Sachzusammenhänge als Rollenspiele verwenden.

Beispiel: In einem Verkäuferseminar gerade vermittelte Gesprächstechniken prägen sich gut ein, wenn man sie in einer angenommenen Situation anschließend wiederholend übt.

 | **Wiederholen ist die einfachste und natürlichste Form von Effektivitätssteigerung – es geht nicht ohne.**

5.2 Prüfungssituationen beherrschen

Das berühmte Black-out

Am Tag vor der Prüfung hatte man noch alles gewußt und gekonnt, in der Prüfung jedoch herrschte geistige Windstille und nach dem Ereignis war alles wieder parat. Oder: »Eben hab' ich's noch gewußt!« Wer kennt es nicht, dieses Black-out, sei es aus eigener Erfahrung oder durch Beobachtung? Woran liegt das, kann man das beherrschen?

Ursachen

Die Ursache von Prüfungsängsten und zeitweiligen Denkblockaden sitzen in den Prägungen, die wir in bezug auf Entscheidungssituationen gespeichert haben. Da bäumt sich eine »Alles-oder-nichts-Emotion« in uns auf, und das selbst dann, wenn es eigentlich gar nicht um existentielle Dinge geht. Ein gutes Beispiel dafür sind Rollenspiele in Seminaren, wie sie tagtäglich für berufliche Weiterbildung gehalten werden. Da gehen die Teilnehmer vehement zur Sache und aufeinander los, als ginge es um die Existenz.

Leider lassen sich die Streßhormone, deren Ausschüttung in Angstsituationen erfolgt, nicht bewußt steuern. Sie melden sich immer dann, wenn die Situation auch nur Ähnlichkeit mit einer tatsächlichen Gefahrensituation hat, die bei Versagen zum Untergang führt.

Kann man dagegen nichts tun?

Welche Möglichkeiten es gibt

Das Heil liegt weniger in beruhigenden Medikamenten (sie würden zusätzlich auch die gerade jetzt dringend benötigten Funktionen dämpfen), sondern im Entschärfen der Prüfungssituation, und dazu gibt es folgende Ansatzpunkte:

- Man sollte sich bewußt machen, daß eine eventuell vermasselte Prüfung nicht den Untergang bedeutet.
- Man kann vielleicht herausbekommen, was geprüft wird. Da gibt es doch wahrscheinlich Leute, die diese Prüfung bereits gemacht haben und etwas darüber erzählen können (Vorsicht, hierbei wird gern etwas aufgetragen!). Manchmal kann man auch den Prüfer fragen, worauf er besonderen Wert zu legen gedenkt.
- Erfahrene Prüfer fragen nicht allzuoft nach Einzelheiten, sie sind eher am Verständnis für die Zusammenhänge interessiert.
- Man kann sich ein Konzept dafür machen, wie die Prüfung ablaufen könnte und wie man sich verhält. Das kann man dann üben!
- Man bereitet sich fachlich gut vor und macht sich das vor und während der Prüfung bewußt.
- Man läßt keine negativen Gedanken zu wie: »Das werde ich doch nicht schaffen!« – »Habe ich mir doch gedacht, daß das Thema drankommt, das ich nicht so gut kann!«
- Man lernt nicht bis zur letzten Sekunde im Detail, das raubt den dringend benötigten Überblick.

Faustregeln

Für das Verhalten und Vorgehen in der Prüfung selbst gibt es dann einige Faustregeln, deren Beachtung recht nützlich sein kann:

a) *für alle Arten von Prüfungen*

☞ Zuallererst die Aufgabenstellung genau erfassen und verstehen, ggf. nachfragen!

b) *für schriftliche Prüfungen*

✎ Zunächst alle Aufgaben lesen und die verfügbare Zeit für die Lösung einteilen!

✎ Wenn die Reihenfolge der Lösungen freigestellt ist: mit der leichtesten Aufgabe beginnen!

✎ Was ergibt den größten Effekt? Das sollte nicht zum Schluß getan werden!

✎ Nicht in eine Aufgabe festbeißen, aber auch nicht beim kleinsten Problem erst einmal eine andere beginnen!

c) *für mündliche Prüfungen*

✎ Wichtigstes Gebot: Erst denken, dann reden!

✎ Genau auf die Frage antworten, nicht das ausbreiten, was man gut weiß! (Negativbeispiel ist der Student, der einen Elefanten beschreiben soll und in zwei Sätzen über den Rüssel zu den Würmern kommt, die er besser beherrscht.)

✎ Antwort zunächst grob gliedern, dann vom Großen ins Kleine detaillieren (Man könnte sich sonst verlieren oder vom Prüfer unterbrochen werden.)!

✎ Keine Entschuldigungen für Nichtwissen anbringen (»Vor zehn Minuten habe ich's noch gewußt!«)!

✎ Bei Gruppenprüfungen niemals abschalten, sondern stets auf dem Sprung sein (in aller Regel geht die Frage an einen selbst aus dem voraufgegangenen Thema hervor). Das beste ist, immer so zu tun, als sei man selbst gefragt.

Dem Prüfer ins Hirn geschaut

Nützlich kann es auch sein, sich einmal die Problemsituation eines Prüfers vor Augen zu halten. Mündliches Prüfen besteht aus Rede und Antwort. Hier entsteht eine Kommunikationsbeziehung, und die wird in erster Linie davon bestimmt, wie die Beteiligten »miteinander können«. Ein durchschnittlicher Prüfer wird zwar versuchen, möglichst »neutral« zu bleiben und vielleicht sogar Gefühllosigkeit zu zeigen.

Lassen Sie sich dadurch nicht täuschen! Er ist ein Mensch und kann gar nicht anders, als den Gesetzen der Kommunikation zu folgen. Es wird ihm besser gefallen, wenn Sie es ihm beim Antworten interessant machen. Auf das Herunterbeten auswendig gelernter Passagen wird er nicht so positiv reagieren, als wenn Sie ihm kurz und knapp sagen, was Sache ist, und dann Argumente und Gegenargumente zu Ihrer Antwort einbringen. So merkt er, was Sie sich dabei gedacht haben. Er fühlt sich wohl wie in einem normalen Gespräch unter Experten.

Meist dauern so ablaufende Prüfungen gar nicht lange. Entweder ist dem Prüfer rasch klar, daß er einen »Guten« vor sich hat, oder der Prüfling hat sich mit einem Anbiederungsversuch in die Nesseln gesetzt. Die Grenze dazu muß natürlich beachtet werden.

 Arbeiten Sie vom ersten Tag des Lernens auf die Prüfung hin – das ist fast schon die Garantie für eine erfolgreiche Prüfung.

5.3   Schwachstellen gezielt ausmerzen

»Nichts hat keine Fehler nicht«

Es gehört zur Natur aller Wesen und Dinge, daß sie Fehler und Schwächen haben. Als Rechtfertigung für lückenhaftes Wissen und mangelnde Fähigkeiten taugt diese Erkenntnis aber ebensowenig wie für oberflächliches Lernen. Der mangelhaft ausgebildete Chirurg und der stümperhaft fahrende Bus-Chauffeur mögen als abschreckende Beispiele reichen.

Um Schwachstellen im Gelernten aufzudecken, hat man Prüfungen erfunden. Deren Ergebnisse liegen leider erst am Ende eines größeren Lernabschnitts vor oder gar am Ausbildungsende. Sie wirken sich im Negativfalle bremsend auf den Fortschritt aus und hängen meist an einer großen Glocke. Würde es doch Mittel geben, rechtzeitig deutliche Signale zu bekommen! Dazu bräuchten wir ein Frühwarnsystem.

Wie deckt man Schwachstellen auf?

»Ich habe immer Schwierigkeiten mit den Vokabeln!« – »Gleichungen mit drei Unbekannten sind ein Horror für mich!« – »Der Lehrer vom IV-Kurs hat in bezug auf Hardware selbst wenig Ahnung!«

Das sind leicht hörbare Alarmglocken. Nicht immer ist eine Schwachstelle so offensichtlich. Wenn wir aber ein Gespür dafür entwickeln, wann und wo etwas aushakt, dann brauchen wir nur noch eines zu tun: Uns das Gebiet vornehmen und Klarheit schaffen. Ausgangspunkt ist – wie beim Klären unvollkommen verstandener Begriffe in Abschnitt 4.1.1 erläutert – die Stelle, wo noch alles in Ordnung war.

Wer zunächst vor solcher Mühe zurückschreckt, sollte es einmal probieren und feststellen, wie gut er sich danach fühlt.

In manchen Lerngebieten lassen sich Fehler leicht erkennen und zu einer Statistik verarbeiten.

Beispiel: Eine Sekretärin, erst seit kurzem ausgebildet, hat in ihrem Kurs gelernt, am Ende jeder Arbeitswoche sowohl die positiven als auch die negativen Erfahrungen anzuschauen. Als schwache Stellen hat sie sich notiert:

- Was mich aufgehalten hat: daß ich nicht wußte, wie man eine Tabelle am Computer in die richtige Form bringt.
- Was mich unsicher gemacht hat: daß ich erst nachschlagen mußte, wo Ausrufezeichen hingehören, vor oder nach Komma oder Punkt.
- Wo ich besondere Probleme hatte: mit einem Kollegen, der sich immer gleich angegriffen fühlt.

☞ **Überlassen wir das Aufdecken unserer Schwachstellen nicht dem Kommissar Zufall oder dem Prüfer, tun wir es selbst.**

5.4 Informationsaufnahme und Gedächtnis trainieren

Erfordernisse und Möglichkeiten

Die beiden tragenden Funktionen des Lernens – Wahrnehmungsorgane und Gedächtnis – sind Teile des menschlichen Körpers und lebendig wie er. Durch geeignetes Training kann man nicht nur dem schleichenden Abbau vorbeugen, es lassen sich sogar erstaunliche Leistungssteigerungen erzielen.

Dazu gibt es folgende Ansatzpunkte:

1. Aktives Hinhören

Damit ist mehr gemeint als einfaches Hören. Den größten Nutzen ziehen wir aus dem gesprochenen Wort, wenn wir von der Absicht beseelt sind, es zu verstehen und anzuwenden. Trainieren können wir das einfach so:

Einem Vortrag aufmerksam folgen und anschließend den Inhalt wiedergeben. Gut, wenn wir das für uns zu Papier bringen, besser noch, wenn wir es einem anderen erzählen. Zu Beginn tut es vielleicht schon eine Nachrichtensendung im Radio.

2. Aufmerksames Beobachten

Hier kommt es darauf an, daß wir uns die Bilder, die sich uns bieten, intensiver anschauen, als wir es gemeinhin gewöhnt sind. Hier soll es der Oberflächlichkeit ans Leder gehen! Auch das können wir selbst trainieren, indem wir etwas eine Weile lang genau betrachten und dann versuchen, es nachzuzeichnen oder nachzuerzählen. Ein Blick aus dem Fenster könnte der Anfang sein.

3. Optimales Lesen

Wer sich beim Lesen schwertut, kann nicht effektiv lernen. Die meisten lesen ihren Text in Wörtern oder kleinen Wortgruppen, was dazu führt, daß sich das Auge ruckartig fortbewegt. Flottes Lesen entsteht, wenn man den Sinn ganzer Wortgruppen auf einmal erfassen und das Gelesene in größere Zusammenhänge einordnen kann.

Das Training: Die zu lesenden Zeilen zunächst in drei, später auch in zwei Wortgruppen teilen und mit den Augen erfassen. Nach einiger Übung wird es uns gelingen, immer mehr Wörter geistig zu verarbeiten, und das bedeutet höheres Lesetempo.

4. Denken in Bildern

Wir sind zwar grundsätzlich dazu veranlagt, in Bildern zu denken, aber wir tun es nicht oft genug bewußt. Besonders dann, wenn wir beim Lernen in Schwierigkeiten kommen, ist dies angebracht: Stellen Sie sich vor, die betreffende Sache demonstrieren zu müssen, und zwar so, als würde dies in einem Stückchen Film geschehen und Sie hätten darin eine Rolle.

Weitere Trainingsmöglichkeiten

Detaillierte Erläuterungen würden den Rahmen dieses Buches sprengen, deshalb seien hier einige Hinweise auf die bestehenden Möglichkeiten gegeben:

Verbesserung der Kommunikation (Senden und Empfangen)	Kurse in Volkshochschulen, private Anbieter (siehe Anhang I)
»Gehirnjogging«	Materialien zum regelmäßigen Belasten der Gedächtnisfunktion; Kontaktadresse in Anhang I
Gedächtnistraining	Literaturangaben in Anhang II
Optimieren der Lesetechnik	

☞ **Wahrnehmungen und Gedächtnis verbessern sich, je mehr man sie beansprucht.**

5.5 Vokabeln besser lernen

Was steckt hinter der Vokabelmaschine?

Unter diesem Begriff hat die von Sebastian Leitner vorgestellte Lernkartei bei vielen Schülern Anklang gefunden. Sie besteht aus einem Kasten von etwa 30 cm Länge und 11 cm Breite, beispielsweise einem handelsüblichen Karteikasten für das Format DIN A6 (halbe Postkarte). Die Länge wird durch Querwände in fünf Abschnitte unterteilt, wobei der erste Abschnitt 1 cm tief ist, der zweite 2 cm, dann 4 cm, 8 cm, und schließlich ergibt sich der Rest von etwa 16 cm. Die Karten oder Blätter vom Format A7 (entsteht durch dreimaliges Halbieren eines DIN A4-Blattes) werden mit einer Vokabel beschriftet, so daß auf der nach vorn zeigenden Seite das deutsche Wort steht und auf der Rückseite die fremdsprachige Übersetzung.

Begonnen wird die Arbeit mit den ersten drei Dutzend Karten, die man in die erste Kammer gestellt hat: Man nimmt die erste Karte, liest das Wort und sagt die Übersetzung, wenn man sie kennt, und legt die Karte in die zweite Kammer, wenn die Rückseite das bestätigt. Wird die richtige Übersetzung nicht gewußt, dann prägt man sie sich ein. Dabei sind folgende Hilfsmittel nützlich:

- Man bildet mit dem Wort in der fremden Sprache einige Sätze.
- (bei schwierig empfundenen Klärungen) Man stellt sich die Sache vor, macht eine Skizze oder demonstriert sie sich mit irgendwelchen Gegenständen.

Die betreffende Karte wandert zurück in die erste Kammer. Das wird so lange wiederholt, bis in der ersten Kammer nur noch ein paar Karten stehen. Dann wird dieses Fach wieder mit neuen Karten auf etwa drei Dutzend aufgefüllt. Neue Durchgänge beginnen, und zwar so lange, bis die zweite Kammer voll ist.

Jetzt wird diese Abteilung durchgearbeitet, wobei gewußte Wörter in die dritte Kammer wandern, nicht gewußte zurück in die erste. Die zweite Kammer sollte nur so weit geräumt werden, daß etwa 1cm Platz frei wird. In gleicher Weise werden dann eines Tages die Kammern 3 und 4 aufgeräumt.

Sobald die Kammer 5 überzulaufen droht, kann man diese Karten entweder entsorgen oder in einen anderen Kasten stellen, z. B. alphabetisch geordnet. Das macht aber nur einen Sinn, wenn man sich zu jenen Worten Aufzeichnungen gemacht hat, die man nicht im Wörterbuch findet. Denn eine solche Kartensammlung kann das Wörterbuch nicht ersetzen.

Ein Vorteil dieser Methode liegt darin, daß man gewußte Vokabeln nicht ständig wiederholen muß, ein weiterer Vorteil liegt in der automatischen Erfolgskontrolle.

Weitere Anwendungsmöglichkeiten

Feststehende Begriffe sind der Schlüssel für viele Fachgebiete, z. B. Medizin und Technik. Auch hier läßt sich eine Lernkartei im einen oder anderen Fall nutzbringend einsetzen.

☞ **Die Vokabelmaschine kann beim Lernen von Vokabeln und Fachausdrücken gute Dienste leisten.**

5.6 Mehr aus Vorlesungen und Vorträgen gewinnen

Um was es geht

Überall dort, wo die Informationsübermittlung wie ein Wasserfall auf uns herniedergeht, können wir das Tempo des Aufnehmens und Verarbeitens nicht mehr selbst bestimmen. Da geht manches verloren. Hier werden Tips gegeben, wie wir aus diesen Situationen – vom Klassenunterricht über Vorlesung und Vortrag bis zur Gesprächsrunde das Beste herausholen können.

Vorbereitung

- Sind wir wirklich bereit, uns diese Sache anhören zu wollen? Wollen wir die nötige Energie und Konzentration aufbringen? Ohne diese Dinge wird's schwierig!
- Wir machen uns vorher mit der Terminologie des Themas vertraut und beugen so manchem Miß- oder Unverständnis vor.

Aktives Hinhören

- Die gesprochenen Worte suchen wir in deutlichen Bildern in uns sichtbar zu machen; das geht auch bei Inhalten, die einem zunächst sehr abstrakt vorkommen.
- Alles, was wir behalten wollen, »malen« wir uns deutlich aus; so erhalten wir den Eindruck, wir seien selbst mitten drin in der Situation. Aufmerksamkeit und Interesse wachsen damit.
- Wir achten auf Mimik und Gestik des Vortragenden. Daran können wir erkennen, was ihm wesentlich und wichtig ist.

Notizen machen oder mitschreiben

- Wir wollen nicht mit dem Papier sparen und ein ausreichend großes Format nehmen (A5 dürfte die untere Grenze sein). Wir machen die Notizen weitläufig mit Zwischenräumen (mancher wiederholt sich beim Vortragen oder ergänzt seine Ausführungen aufgrund einer Zwischenfrage).
- Wir trachten nicht nach wortwörtlicher Protokollierung, sondern wir sind auf der Jagd nach den wichtigsten Gedanken. Wir benutzen übliche oder selbst gebildete Abkürzungen.
- Gleichzeitiges Mitschreiben und Hinhören ist möglich und trainierbar.
- Wir notieren uns Literaturhinweise und sonstige Wissensquellen, die der Vortragende erwähnt. Damit entlasten wir unser Gedächtnis. Beim Schreiben müssen wir uns bewegen, und das allein bringt uns schon zum aktiven Hinhören.
- Wir versuchen, die Struktur zu erfassen, die der Vortra-

gende benutzt (»Erstens, zweitens, drittens ...« – »Und nun kommen wir zu den beiden wesentlichsten Punkten ...«).

- Begriffe, die uns nicht ganz geläufig sind, notieren wir uns und machen uns später klar, was sie bedeuten.

Klarstellung zwischendurch

- Wir stellen Zwischenfragen, wenn etwas nicht bei uns angekommen oder verstanden worden ist (soweit in der Situation möglich). Wir bitten um ein Beispiel, das lockert auf. Vielleicht leisten wir damit auch einen Beitrag dazu, daß der Vortragende sich mehr auf Verständlichkeit seiner Ausführungen besinnt. Im übrigen lieben viele Vortragende die Interaktion mehr, als man gemeinhin glaubt.
- Wir dürfen uns nicht fixieren darauf, daß nach einem Unverständnis nichts mehr bei uns ankommt. Wenn das so wäre, dann würden nur noch Ahnungslose von den Hochschulen kommen. Wir müssen uns in diesem Moment nur das Ziel setzen, Unverstandenes bald zum Verstehen zu bringen. Mit dieser »Problemlösung« läßt es sich weiter hinhören und mitkommen.

Nachbereitung

- Wir unterhalten uns in den Pausen oder nach Schluß mit anderen Zuhörern (oder vielleicht gar dem Vortragenden) über das Vortragsthema.
- Wir schauen uns unsere Notizen an und sorgen durch ergänzende Bemerkungen oder Streichungen dafür, daß die Zusammenhänge sichtbar werden.
- Wenn nicht schon beim Vortrag geschehen, formulieren wir das Wichtigste in Kernsätzen, die wir uns leichter merken können.

 Aktives Hinhören steigert die Behaltensquote. Was man sich merken will, sollte man sich in »merkwürdigen« Bildern vorstellen. Wichtiges sollten wir uns notieren.

6 Einflüsse auf das Lernen

6.1 Was es mit dem Lerntyp auf sich hat

6.1.1 Was versteht man unter »Lerntyp« und welche gibt es?

Wir Menschen nehmen Informationen auf individuelle Art und Weise auf. Bei Analysen fand man heraus, daß man das Verhalten nach Lerntypen einteilen kann. Die klassische Gliederung lautet demnach:

- **Visueller Typ** – nimmt vorzugsweise durch Sehen auf; er erschließt sich das Wissensgebiet am liebsten über das Auge, er liest gerne und schätzt bildliche Darstellungen zum Thema.

- **Auditiver Typ** – nimmt vorzugsweise durch Hören auf; sein liebster Aufnahmekanal sind die Ohren, er hört aufmerksam hin und liebt lautes Lesen.

- **Motorischer Typ** – nimmt vorzugsweise durch eigenes Tun auf; ihm nutzen mündliche und schriftliche Erklärungen wenig, er muß das Gelernte sofort ausprobieren (Learning by doing).

Diese drei Aufnahmekanäle sind bei allen Lernenden immer gleichzeitig vorhanden, werden aber beileibe nicht gleich intensiv benutzt.

6.1.2 Anderer Blickwinkel: Neue Lerntypen

Man kann den Lerntyp auch definieren als das Grundkonzept, nach dem ein Mensch an seine Lernaufgabe herangeht. Dabei treten vier Verhaltenskategorien hervor:

121

1. Generalisierungsverhalten
2. Hinwendungsverhalten
3. Vergleichsverhalten
4. Bezugsverhalten

Hierzu einige Erläuterungen:

1. Generalisierungsverhalten

Dies ist ein Maß dafür, wie wir Informationen am besten verarbeiten können. Wenn der Lernende bei der Wissensaufnahme die Informationen bekommt, die er als erstes braucht,
dann kann er sie am leichtesten seiner Natur entsprechend
verarbeiten: entweder in kleinen Häppchen oder in großen
Stücken, entweder erst die Details oder erst den Überblick,
die Strukturen und Zusammenhänge.

In bezug auf das Generalisierungsverhalten kann der Lernende nun entweder mehr zum Spezifizieren neigen oder lieber alles generalisieren.

Der eine ist der **spezifische Typ** mit folgenden Eigenarten:

- Er konzentriert sich auf Details und muß sie unbedingt
  kennen, bevor er irgendwelche Entscheidungen trifft,
- er muß zuerst die Handlungsabfolge oder Aufgabenstellung
  im einzelnen vor sich haben, und
- er braucht konkrete Beispiele.

Der **generelle Typ** geht gerne von der entgegengesetzten
Seite an die Sache heran:

- Er spricht gern in allgemeinen Aussagen,
- er konzentriert sich auf die Gesamtrichtung seiner Aufgabe, und
- er benutzt abstrakte Beispiele.

2. Hinwendungsverhalten

Eine Person kann dazu neigen, sich den durch das Lernen er-
reichbaren Werten zuzuwenden, eine andere dagegen wendet
sich eher ab davon. Diese Grundeinstellung ist bestimmend

dafür, ob sie Zeit, Energie und Ressourcen einsetzt, um ihr Ziel (den Wertgewinn) zu erreichen oder ihm zu entgehen. Auf die Kenntnis des Hinwendungsverhaltens läßt sich besonders gut die Lernmotivation gründen.

Ein Mensch vom Typus **»Abwender«** läßt sich wie folgt erkennen:

- Er kann schlecht Ziele definieren und festmachen, ist deshalb oft übervorsichtig oder verwirrt,
- er redet oft darüber, was er nicht will und was nicht passieren darf, und
- er redet über Menschen, Dinge und Situationen, die er ausschließen will.

Der **»Hinwender«** verhält sich in etwa so:
- Er wendet sich den Dingen zu, die er will und mag,
- er vernachlässigt negative Folgen oder ist sich nicht bewußt, daß überhaupt etwas und was schief laufen könnte, und
- er reagiert bestens auf Anreize und Köder.

Die geschilderten Verhaltensrichtungen treten selten in reiner Form auf, doch wenn sie gemischt auftreten, überwiegt meist eine von beiden.

3. Vergleichsverhalten

Dieses Verhaltensmuster wird von dem Bestreben bestimmt, bei neuen Wahrnehmungen in der eigenen Erfahrungswelt nach Gleichheiten oder zumindest nach Ähnlichkeiten zu suchen. Dem entgegen steht das Muster desjenigen, der stets nach Unterschieden zwischen Information und Erfahrung sucht.

Der **»Ähnlichkeitssüchtige«** ist an folgenden Dingen zu erkennen:

- Er neigt zur Suche nach dem, was vorhanden ist, und übersieht dabei das, was fehlt,
- er hält Ausschau nach den Gemeinsamkeiten der Dinge und richtet seine Aufmerksamkeit darauf, ob sie zusammenpassen, und

- er benutzt Begriffe wie »dasselbe«, »fast wie«, »ähnlich«, »gemeinsam«, »genau so wie«, »bewahren«, »erhalten«, »derselbe zu bleiben« usw.

Der »**Unterscheider**« fällt durch folgende Merkmale auf:

- Er bemerkt, daß die Dinge nicht übereinstimmen, wie Dinge nicht zusammenpassen, wie sich Dinge nicht entsprechen; er wird betonen, inwieweit die Dinge völlig verschieden sind,
- er wird Daten und Informationen nach Unterschieden abklopfen, um sie zu verstehen, und
- er gebraucht mit Vorliebe Wörter wie »neu«, »verändert«, »unterschiedlich«, »revolutionär«, »einzigartig«, »radikal«.

Auch hier bei diesen beiden Typen gibt es Mischformen, und auch hier überwiegt in der Regel eine Richtung, so daß man darauf die Motivation aufbauen kann.

4. Bezugsverhalten

Es macht einen grundlegenden Unterschied, ob ein Mensch beim Lernen seine Beurteilungen, Bewertungen und seine Entscheidungen für Antworten und Handlungen bei sich selber sucht oder bei anderen Menschen.

Der **interne Typ** ist so zu erkennen:

- Er tendiert dazu, seinen eigenen Kriterien, Bewertungen und Beurteilungen zu vertrauen,
- er macht die Anerkennung anderer Quellen und Autoritäten von seiner inneren Einsicht abhängig, und
- er benutzt seine eigenen Gefühle, um eigene Arbeit und Leistung zu beurteilen; er geht in sich, um sein Tun zu verifizieren oder für gültig zu erklären; er entscheidet über die Qualität seiner Arbeit nach eigenen subjektiven Kriterien.

Der **externe Typ** besitzt folgende Merkmale:

- Er vertraut auf Bewertungen und Beurteilungen anderer Menschen; der Ursprung der Autorität und der Einsicht kommt von außen,

- er sucht Gültigkeit und Zustimmung von außen, und
- er benötigt Richtungsweisungen von anderen Menschen.

Selbstverständlich überwiegen auch hier die Mischtypen mit meist einseitiger Tendenz.

6.1.3 Was kann man mit der Kenntnis des Lerntyps anfangen?

Eine Grundregel lautet: Möglichst nicht gegen die Tendenz des Lerntyps handeln! Das fängt bei der Motivation an: Die Erkenntnisse über den Lerntyp versetzen den Lehrer in den Stand, eine spezifische Motivationsstrategie aufzubauen. Wer ohne motivationsfördernden Lehrer lernt, muß sich selbst beobachten können, und er muß Selbstdisziplin üben. Wer seinen Lerntyp kennt und sich danach verhält, verbessert nicht nur sein Lernen, sondern genießt Vorteile auch in anderen Lebensbereichen.

Die Erkenntnisse aus dem Lerntypverhalten helfen auch bei der Auswahl des Lernmaterials. Soweit die Wissensaufnahme durch selbst gewähltes Material geschieht und typgerechte Unterlagen verfügbar sind, ist es relativ einfach. Wir haben das optimale Material oder den besten Vortrag dann gefunden, wenn allen Lerntypen gleichzeitig Rechnung getragen wird.

Wo aber das Material oder die Erklärungen dem eigenen Lerntyp nicht ausreichend entgegenkommen, ist Selbsthilfe gefragt: Man sollte sich ergänzendes Material vornehmen und zusätzliche Erläuterungen verschaffen, um den spezifischen Bedarf des jeweiligen Lerntyps zu befriedigen. Das ist vielleicht mühsam, meist aber nur anfänglich bis zu einer Gewöhnung.

6.1.4 Wie bekomme ich meinen Lerntyp heraus?

Das geht zum einen durch konsequente, ehrliche und sorgfältige Selbstbeobachtung. Wer sicherer gehen will, vertraut sich einem Institut an und läßt dort einen Lerntyptest machen (Zu der unter Ziffer 6.1.2 genannten Lerntyp-Gliederung steht eine Kontaktadresse im Anhang I).

☞ | **Die Kenntnis des Lerntyps erleichtert sowohl die Motivation als auch die Auswahl von Lernmethode und Lernmaterial.**

6.2 Wie das Lerngebiet hineinspielt

Bedeutender Einfluß

Keine Frage – an das Autofahrenlernen gehen wir anders heran als an das Studium des Ingenieurfachs Elektrotechnik oder an das Sprachenlernen. Obwohl wir uns bewußt sind, daß sich die einzelnen Lernaufgaben nicht über einen Kamm scheren lassen, versäumen wir doch immer wieder einmal, uns konsequent auf die bevorstehenden Eigenarten vorzubereiten und darauf einzustellen.

Nachfolgend eine tabellarische Darstellung mit besonderen Schwerpunkten der Ausbildung, wie sie für einige beispielhaft angeführte Lerngebiete zutreffen. Hierin sollen die mit (•) markierten Felder die besonders wichtigen Gesichtspunkte kennzeichnen. Die anderen sind deshalb aber nicht bedeutungslos, denn die fünf Lernstufen verlieren dadurch nicht ihren Leitcharakter.

Erläuterungen zur Spaltenbeschriftung:

❶ **Solide theoretische Grundlagen**

Fundiertes Wissen um die Gesetzmäßigkeiten, die dem Lerngebiet zugrundeliegen, ist hier notwendig, praktische Erfahrungen allein reichen nicht.

❷ **Konkrete Zielsetzung**

Betonung auf klare Definition und deutlich abgegrenzte Aufgabenstellung in bezug auf die Lernaufgabe.

❸ Zwischenziele

Wegen umfangreicher, vielschichtiger und zeitlich ausgedehnter Aufgabenstellung sind hier greifbare Zwischenstationen zum Bewußtmachen des Fortschritts angebracht.

❹ Trainingsmöglichkeiten jederzeit/häufig

Lerngebiet verlangt eher nach den Fähigkeiten in bezug auf das Handeln als nach theoretischer Durchdringung, das erfordert stetiges Einbinden des Tuns.

❺ Ausführliches und gutes Lernmaterial

Gebiet, das auf dem in Generationen erworbenen Wissen aufbaut, erfordert gründliches Wissen über die Gesetzmäßigkeiten.

❻ Materialverwaltung/Erfahrungssystem

Zur Entlastung des Lernenden ist es zweckmäßig, umfangreiches Wissen zu diesem Gebiet außerhalb des eigenen Gedächtnisses parat zu haben. Dazu sind computergestützte Verwaltungssysteme hervorragend geeignet, z. B. Quellendateien und Erfahrungssammlungen wie das persönliche »Expertensystem« nach Abschnitt 3.3 (»›Außergehirnliche‹ Wissensverwaltung«).

❼ Strukturiertes Lerntiming

Lerngebiet läßt sich nur oder wesentlich besser bearbeiten, wenn dem Lernen eine Zeitplanung zugrunde liegt, natürlich verbunden mit der Zielsetzung.

❽ Praktische Anleitung

Gebiet, das sich nicht oder nur äußerst unvollkommen ohne praktische Anleitung durch einen, der die Sache bereits kann, erlernen läßt.

❾ Fehlerstatistik

Wo sich Fehler in den Ergebnissen der Tätigkeit auf dem betreffenden Gebiet unmittelbar und erkennbar niederschlagen, sollte man sie zur Schwachstellenanalyse nutzen (siehe hierzu Abschnitt 5.3, »Schwachstellen gezielt ausmerzen«).

Schwerpunktschema

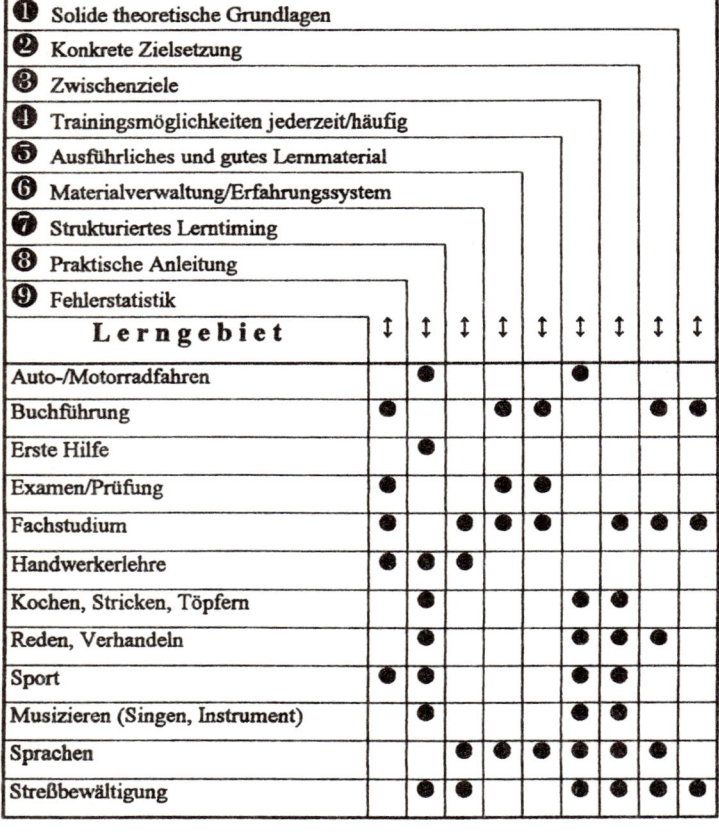

Lerngebiet	1	2	3	4	5	6	7	8	9
Auto-/Motorradfahren		●			●				
Buchführung	●			●	●			●	●
Erste Hilfe	●								
Examen/Prüfung	●			●	●				
Fachstudium	●		●	●	●		●	●	●
Handwerkerlehre	●	●	●						
Kochen, Stricken, Töpfern		●					●	●	
Reden, Verhandeln		●					●	●	●
Sport	●	●					●	●	
Musizieren (Singen, Instrument)		●					●	●	
Sprachen			●	●	●	●	●	●	
Streßbewältigung		●	●				●	●	●

Legende:
1. Solide theoretische Grundlagen
2. Konkrete Zielsetzung
3. Zwischenziele
4. Trainingsmöglichkeiten jederzeit/häufig
5. Ausführliches und gutes Lernmaterial
6. Materialverwaltung/Erfahrungssystem
7. Strukturiertes Lerntiming
8. Praktische Anleitung
9. Fehlerstatistik

6.3 Was passiert, wenn man Druck ausübt

Falsche Motivation

Der Antrieb zum Lernen steht und fällt mit der Motivation (in Kapitel 3 wurde das näher erläutert). Ein lebhaftes Interesse an der Sache, zum Beispiel deshalb, weil man mit dem Erlernten etwas Konkretes tun will, führt zu einer hohen Qualität des Motivs. Das wird uns eher über Schwierigkeiten hinwegbringen- und vor Ablenkung schützen als ein unbestimmtes oder schwaches Ziel.

Wer ausschließlich oder überwiegend aus anderem Grunde lernt oder glaubt lernen zu müssen, zum Beispiel

- um in einem Schulfach versetzt zu werden,
- um die Bedingungen für eine Anstellung zu erfüllen,
- weil es eine andere Person (Eltern, Lehrer, Partner, Vorgesetzter) so will oder
- weil es »in« ist,

der lernt nicht aus Interesse an der Sache. Seine Motivation gründet sich darauf, eine Forderung von außen zu erfüllen. Ist die Versetzung geschafft, der Job angetreten, die Vorgabe oder der Wunsch erfüllt, dann löst sich augenblicklich die Klammer um das unter Druck geschnürte Fähigkeitsbündel. Vieles vom Lernthema, oft sogar das Wesentliche, versinkt in der Bedeutungslosigkeit. Das Ziel des Lernens ist erreicht, nun gibt es keinen unmittelbaren Grund, mit der Sache wirklich was anzufangen.

Ein wenig besser fällt das Ergebnis aus, wenn man im Verlaufe des Lernens Spaß und Interesse an der Sache gewonnen hat. Das ist ja auch ein wesentlicher Grund, aus dem oft Lerndruck überhaupt ausgeübt wird: Der Appetit kommt beim Essen, denkt man wohl.

Wir wollten ein Ziel erreichen, und wir haben es erreicht, und das war's dafür. Daran wäre eigentlich nichts auszusetzen, wenn das nicht die Einstellung beim Lernen maßgebend beeinflußt hätte. Wegen der sachfremden Zielsetzung geschieht die Wissensaufnahme und -auswertung nämlich gefiltert, denn wir bewerten die Lerninhalte ja ständig danach, ob sie dem Ziel dienen. Beim Abspeichern wird die so zugemessene Wichtigkeit angeheftet. Klar, daß auf diese Weise viele Informationen gar nicht zu Wissen werden, was aber eigentlich für das Tun an und mit der Sache erforderlich wäre.

Aus denselben Gründen ist die Wirkung von Strafen und ihrer Androhung sehr begrenzt. Sie stärken nicht das effektive Lernen, sondern die Angst vor dem Versagen. Gefördert wird die Entstehung von Blockaden in Prüfungssituationen und eine geladene Abneigung gegen kontrollierende Personen wie Institutionen, vielleicht auch Talente des Schummelns und Tricksens.

☞ **Wer jemanden zum Lernen »drückt«, sollte die Gesetzmäßigkeiten der Motivation kennenlernen. Dann wird er davon ablassen.**

6.4 Neues? – Nein danke!

Gewohnheitsmuster bei der Arbeit

Hier folgt eine Zusammenstellung von Emotionen, Gedanken, Begründungen und Stoßseufzern, die samt und sonders aus der unbewußten Abteilung unseres Speichers kommen, es sind unsere mehr oder minder lieben Gewohnheiten:

- »Mir fällt es immer schwer, mich beim Lernen irgendeiner Autorität beugen zu müssen (Lehrer, Ausbilder, Seminarleiter usw.).«
- »Kenne ich doch alles schon, wann wird denn mal was Neues gebracht?«
- Mit dem Unterordnen unter eine Lernorganisation hat so mancher seine Probleme (Schule, Seminar, Lehre, Workshop usw.).

- »Mit dem vorhandenen Wissen bin ich doch gut ausgekommen, wozu diese neuen Sachen da?«
- »Den Typ (Lehrer, Seminarleiter, Vortragender) mag ich nicht, der kommt bei mir nicht an.«
- »Ich lerne nun mal eben nicht so gut wie andere!«
- »In meinem Alter bleibt nicht mehr so viel hängen.«
- »Bevor das eine sitzt, kommt schon wieder was Neues!«

Mehr über die Hintergründe dieser Gewohnheiten sind in Abschnitt 8.2 zu lesen (»Informationsverarbeitung – rein menschlich«).

Es leuchtet ein, daß die Einflüsse von den Gewohnheiten, Vorurteilen und Voreingenommenheiten unser Lernen stark beeinträchtigen können. Da sie uns im Leben schlechthin eher niederdrücken als beflügeln, tun wir gut daran, mit ihnen ein wenig aufzuräumen. Gelegenheit dazu bieten Vorträge, Kurse und Seminare, die sich mit der persönlichen Weiterentwicklung befassen. Anhang I enthält Hinweise und Kontaktadressen.

 Vorurteile und andere Gewohnheiten sind anhänglicher als Haustiere – sie leben ewig, wenn wir ihnen nicht selbst ein Ende bereiten.

7 Hilfe bei Lernhindernissen

Unter den Buchstaben A bis N werden auf den nachfolgenden Seiten 14 Lernhilfen zu den in Abschnitt 2.4 genannten Lernhindernissen gegeben. Hierzu ist folgender Hinweis zu beachten:

- Mit diesen Lernhilfen können keine Beschwerden oder Krankheiten behandelt werden, die der ärztlichen Versorgung bedürfen. Nur dann, wenn die beschriebenen Reaktionen eindeutig mit dem Lernen zusammenhängen, haben diese Hilfen überhaupt einen Sinn.

Übersicht

A Ziel undeutlich, zu schwach oder nicht unser eigenes

B Lernbedingungen unzureichend

C Kondition des Lernenden nicht in Ordnung

D Unbemerktes Nicht- oder Mißverstehen

E Sich überfordert fühlen

F Sich nicht genug gefordert oder hingehalten vorkommen

G Ungleichgewicht zwischen Bedeutung und Masse

H Nicht abgeschlossene Handlungen

I Wichtigkeit oder Bedeutung unklar

J Lernfeindliche Grundhaltung und emotionale Hemmschwellen

K Anhaltende Probleme oder Feststecken

L Vertrauen in Lernmaterial erschüttert

M Schwierigkeit, über Verständnislücken zu folgen

N Schwierigkeiten mit Nachschlagewerken

Lernhilfe »A«

für die Lernhindernisse:

1	Gefühl, nicht für sich selbst zu lernen
3	allgemeines Desinteresse am Lernen
5	Interesse am Lernen oder am Thema gesunken
7	Lernziel hat seinen Sinn verloren
26	in gereizte Stimmung geraten

Gemeinsame Merkmale:
Ziel undeutlich, zu schwach oder nicht unser eigenes

Ursache:	Der Grund, warum die Mühe des Lernens auf sich genommen wurde, ist inzwischen weniger wichtig oder ganz hinfällig geworden;
oder:	das Ziel ist oberflächlich oder halbherzig gesetzt worden;
oder:	der Lernende war selbst gar nicht an der Sache interessiert, er tat es einem anderen zuliebe, unter Zwang oder um etwas ganz anderes damit zu erreichen.
Mehr darüber:	Lernstufe 1 (»Lernaufgabe definieren und Lernziel festmachen«)
Abhilfe:	Zielsetzung überprüfen, sich dann für eine Sache klar entscheiden: weitermachen oder aufhören. Bei Verschiebungen genauen Zeitpunkt festlegen!
Wichtig:	Zielkorrekturen sind nicht verwerflich, unentschlossenes Schleifenlassen dagegen schon.
Vorbeugung:	Starke Ziele setzen und konsequent verfolgen.

Lernhilfe »B«

für die Lernhindernisse:

21	sich nachhaltig gestört fühlen
23	Unterlagen oft/meist nicht finden
24	vergessen, wo man was gelesen oder gehört hat
25	die Zeit läuft einem weg

Gemeinsames Merkmal:
Lernbedingungen unzureichend

Ursache:	Die Gedankengänge des Lernenden werden häufig unterbrochen;
oder:	er hat seine Arbeit nicht gut genug organisiert.
Mehr darüber:	Abschnitt 3.2 (»So schafft man günstige Lernbedingungen«);
und:	Abschnitt 3.3 (»Außergehirnliche« Wissensverwaltung).
Abhilfe und Vorbeugung:	Die Störungen soweit wie möglich eindämmen, aber auch selbst eine Immunität gegen landläufige Störungen aufbauen.
und:	Material und Unterlagern clever verwalten oder verwalten lassen (Computer?);
und:	Arbeitszeiten und Pausen sowie Zwischenziele planen.

Lernhilfe »C«

für die Lernhindernisse:

34	unbehagliches Gefühl im Magen
35	aufkommende Müdigkeit
43	sich allgemein indisponiert fühlen
45	sich nicht richtig konzentrieren können

Gemeinsames Merkmal:
Kondition des Lernenden nicht in Ordnung

Ursachen:	Falsche Ernährung, zu viel gegessen, Genuß von Alkohol oder anderen Drogen, Einnahme von Medikamenten,
oder:	zu wenig Ausgleich (hauptsächlich Bewegung);
oder:	ermüdende Einrichtung, schlechte Beleuchtung.
Mehr darüber:	Abschnitt 3.2 (»So schafft man günstige Lernbedingungen«).
Abhilfe und Vorbeugung:	Ernährung im Hinblick auf gute Lernbedingungen umstellen; bei Medikamenten ggf. Kompromiß verbessern;
und:	regelmäßigen Ausgleich zur Lernarbeit schaffen, mindestens etwas Bewegung;
und:	praktische Einrichtung.

Lernhilfe »D«

für die Lernhindernisse:

2	Lernen eines Gebietes, Faches oder Lernen überhaupt aufgeben wollen
3	allgemeines Desinteresse am Lernen
5	Interesse am Lernen oder am Thema gesunken
8	mit dem Lernen auf Kriegsfuß stehen
9	Weitermachen ist blockiert
11	Gebiet oder Fach wegen schwieriger Fachausdrücke undurchdringlich oder rätselhaft
12	Die Sache zieht sich endlos hin
14	Gefühl haben, die Sache sei zu hoch
15	Wissenslücken haben
16	Manches ergibt keinen Sinn oder es kann nicht wahr sein
17	Gefühl, es werde zuviel vorausgesetzt
18	bei Vorträgen/Vorlesungen nicht mitkommen
20	sich fehlgeleitet oder schlecht informiert vorkommen
26	in gereizte Stimmung geraten
28	Beharren auf einer Bedeutung, die nicht richtig oder die nicht die einzige ist
31	Aggressivität gegen Lerngebiet oder -thema, Lernmaterial, vermittelnde Person oder gegen das Lernen überhaupt
33	Gefühl der Leere oder des Ausgelaugtseins
35	aufkommende Müdigkeit
36	sich ausbreitende Nervosität
38	nicht bei der Sache bleiben können, abschweifende Gedanken haben

Gemeinsames Merkmal:
Unbemerktes Nicht- oder Mißverstehen

Ursachen: Es gibt einen Begriff, der nicht oder falsch verstanden wurde; mit dessen fehlender oder falscher Bedeutung wurde weitergelernt. Oft ist es nur ein Wort, manchmal auch mehr. Gleiches gilt für Bilder, Symbole und andere Darstellungsformen. Die Dinge »laufen am Lernenden vorbei«. Selbst ein einziger unverstandener (Schlüssel-)Begriff kann einem ein ganzes Gebiet verleiden.

oder: Nichtwissen einer weiteren Bedeutung für einen Begriff kann zu einem sturen Beharren auf der gewußten Definition führen und zu dem Gefühl, im Recht zu sein;

oder: manche Gebiete erscheinen aufgrund ihrer Fachausdrücke regelrecht vernagelt. Da gibt es nicht nur Begriffe abseits vom normalen Sprachgebrauch, sondern auch eigene Bedeutungen neben allseits bekannten (z. B. versteht der Jäger unter »Blume« etwas ganz anderes als der Florist);

oder: schlechte Erfahrungen mit dem Lernen in der Vergangenheit: Alte Mißverständnisse und Verstehenslücken, heute meist unbewußt.

Mehr darüber: Abschnitt 4.1.1 (»Begriffe richtig begreifen«). Über anhaltendes Nichtverstehen informiert Lernhilfe »K«.

Abhilfe:	Die Stelle finden, wo die Schwierigkeit anfing; unmittelbar davor muß der Problempunkt liegen. Gehen Sie erneut durch und stellen Sie sicher, daß Sie wirklich alles begriffen haben.
Achtung!	Es kann mehrere Stellen geben. Gehen Sie zum ersten Miß- oder Nichtverstehen zurück!
Vorbeugung:	Sorgfältig studieren und stets darauf achten, daß kein Miß- oder Nichtverstehen zurückbleibt.

Lernhilfe »E«

für die Lernhindernisse:

14	Gefühl haben, die Sache sei zu hoch
17	Gefühl, es werde zuviel vorausgesetzt
30	Gefühl, sich zu drehen
41	verwirrt sein

Gemeinsames Merkmal:
Sich überfordert fühlen

Ursachen:	Der vorliegende Schwierigkeitsgrad war zu hoch;
oder:	Ungleichgewicht zwischen Bedeutung und Masse.
Mehr darüber:	Abschnitt 4.1.2 (»Der richtige Schwierigkeitsgrad«);
und:	Abschnitt 4.1.4 (»Vom Gleichgewicht beim Lernen«).
Abhilfe:	Zurückgehen zu der Stelle, an der man noch keine Schwierigkeiten hatte und die man noch anwenden konnte. Für das weitere Lernen sicherstellen, daß der passende Schwierigkeitsgrad eingehalten wird.
Vorbeugung:	Grundsätzlich: Erst dann zur nächsten Sache weitergehen, wenn die gelernte Sache (Wort, Darstellung, Aussage, Absatz, Abschnitt oder was auch immer die zusammenhängende Sache darstellt) bei der Anwendung keine Schwierigkeiten mehr machen würde.

Lernhilfe »F«

für die Lernhindernisse:

13	allgemeines Desinteresse am Lernen
12	Die Sache zieht sich endlos hin
42	sich gelangweilt oder unterfordert fühlen

Gemeinsames Merkmal:
Sich nicht genug gefordert oder hingehalten vorkommen

Ursache:	Das Lernmaterial und/oder die Lernorganisation (Kurs oder Vorgehensweise der vermittelnden Person) sind zu wenig darauf ausgerichtet, den Lernenden zielstrebig zum Ausbildungsergebnis hinzuführen. Deshalb wird er nicht sinnvoll gefordert, sondern zuviel mit Nebensächlichkeiten beschäftigt oder zu wenig belastet;
oder:	die Abstufung der Schwierigkeitsgrade entspricht nicht seinen Fähigkeiten. Sein Anlauf bis zur praktischen Tätigkeit in seiner Sache wird dadurch zu lang.
Mehr darüber:	Lernstufe 2 (»Lernmethode und Lernmaterial auswählen«);
und:	Abschnitt 4.1.2 (»Der Täter braucht ein Motiv«).
Abhilfe:	Nebensächliche Dinge geschickt überspringen (wenn möglich), geeignetes Lernmaterial besorgen oder Methode überdenken; wo möglich, Lernorganisation beeinflussen.
Vorbeugung:	Methode und Material richtig auswählen, ggf. zunächst »schnuppern«.

Lernhilfe »G«

für die Lernhindernisse:

26	in gereizte Stimmung geraten
27	Schmerzen in den Augen verspüren
29	Gefühl der Bewegungslosigkeit
30	Gefühl, sich zu drehen
32	Kopfschmerzen oder »schweren« Kopf haben
34	unbehagliches Gefühl im Magen
37	sich niedergedrückt fühlen
40	Gefühllosigkeit
41	verwirrt sein

Gemeinsames Merkmal:
Ungleichgewicht zwischen Bedeutung und Masse

Ursache:	Beim Lernen gibt es Bedeutungen, zu denen die Gegenstände (physische Massen) fehlen. Ein erdrückendes Übermaß von »geistigen Massen« ist entstanden.
Mehr darüber:	Abschnitt 4.1.4 (»Vom Gleichgewicht beim Lernen«).
Abhilfe:	Dem Lernen von Bedeutungen die physischen Massen zufügen, also die Gegenstände, die mit dem Thema zu tun haben, anschauen oder besser noch anfassen. Wo nicht möglich, z. B. bei abstrakten Begriffen, für Ersatz sorgen (Demonstrationsmaterial).
Vorbeugung:	Dafür sorgen, daß kein deutliches Ungleichgewicht entstehen kann.

Lernhilfe »H«

für das Lernhindernis:

39	sich gestreßt oder überfordert fühlen

Merkmal:
Nicht abgeschlossene Handlungen

Ursache:	Es gibt Handlungen (oft eine Mehrzahl davon), die begonnen, aber nicht zu Ende geführt oder nicht zu überblicken sind. Nun macht es besondere Schwierigkeiten, die Wichtigkeiten richtig einzuschätzen.
Mehr darüber:	Abschnitt 4.1.5 (Wichtigkeit und Wahrheitsgehalt von Informationen);
und:	Abschnitt 4.1.6 (»Ein Hohelied auf die Konsequenz«).
Abhilfe:	Bestandsaufnahme der offenen Handlungen vornehmen;
und:	Rangfolge der Dringlichkeiten und Wichtigkeiten bewußt festlegen;
und:	Lösung finden für die Dinge mit niederem Rang;
und:	erst die dringendsten, dann die wichtigsten Dinge zu Ende bringen; schließlich den Rest erledigen.
Vorbeugung:	Wert legen darauf, angefangene Handlungen vor dem Start neuer abzuschließen.

Lernhilfe »I«

für die Lernhindernisse:

19	Weitermachen ist blockiert
10	Nicht entscheiden können, mit welcher Sache man weitermachen soll
12	Die Sache zieht sich endlos hin
16	Manches ergibt keinen Sinn oder es kann nicht wahr sein
20	sich fehlgeleitet oder schlecht informiert vorkommen
22	den Überblick verloren

Gemeinsames Merkmal:
Wichtigkeit oder Bedeutung unklar

Ursache:	Wichtigkeiten im Lernstoff hinsichtlich ihrer Bedeutung für das Lernziel wurden nicht oder nicht richtig eingeschätzt. Das Verrichten nebensächlicher Dinge, Festrennen oder ein Verlust des Überblicks sind die möglichen Folgen.
Mehr darüber:	Abschnitt 4.1.5 (»Wichtigkeit und Wahrheitsgehalt von Informationen«);
und:	Abschnitt 4.1.3 (»Lerntempo und Gründlichkeit«).
Abhilfe und Vorbeugung:	Verstehen lernen, was im Sinne des Lernziels wichtig ist. Ggf. Ziel überdenken und stärken.

Lernhilfe »J«

für die Lernhindernisse:

4	den Glauben haben, das Wesentliche oder alles zum Thema bereits zu wissen; »Da gibt es nichts mehr zu lernen für mich«
16	glauben, die Sache nie lernen zu können
44	emotionale Blockaden gegen irgend etwas im Zusammenhang mit dem Lernen haben

Gemeinsame Merkmale:
Lernfeindliche Grundhaltung und emotionale
Hemmschwellen

Ursache:	Der Glaube daran, zu diesem Thema bereits ausreichend viel oder gar alles zu wissen, steht jeder neuen Wissensaufnahme entgegen;
oder:	schlechte Erfahrungen bei früherem erfolglosen Lernen.
Mehr darüber:	Abschnitt 3.1 (»Der Täter braucht ein Motiv«);
und:	Abschnitt 8.1 (»Lernen, die lebensbestimmende Aufgabe«);
und:	Abschnitt 8.2.5 (»Wir speichern auf ›Nimmerwiedervergessen‹«).
Abhilfe und Vorbeugung:	Verstehen der Zusammenhänge zwischen der Bereitschaft zum Lernen und der Fähigkeit zur Aufnahme neuen Wissens. Blockaden finden und auflösen.

Lernhilfe »K«

für die Lernhindernisse:

11	Gebiet oder Fach wegen schwieriger Fachausdrücke undurchdringlich oder rätselhaft
13	Feststecken, obwohl alles verstanden

Gemeinsames Merkmal:
Anhaltende Probleme oder Feststecken

Ursache:	Verstehen ist blockiert, weil ein Begriff oder eine Darstellung noch nicht spielend gebraucht werden kann. Sie sind noch mit einem Mißverständnis oder einer Emotion geladen. Es kann auch mehrere geben!
Mehr darüber:	Abschnitt 4.1.1 (»Begriffe richtig begreifen«);
und:	Abschnitt 4.4.4 (»Klarheit schaffen durch Demo«).
Abhilfe:	Benutzung der Demonstrationsmethode (Darstellen des Begriffs oder der Situation mit stellvertretenden Gegenständen);
und:	Erfinden von gegensätzlichen Beispielen derart, daß abwechselnd eines die Sache so darstellt, wie sie dasteht, das nächste so, wie wir es bislang verstanden haben. Das lockert die »Betrachtungsfronten«.
Vorbeugung	Keine Sache übergehen, die nicht restlos klar ist.

Lernhilfe »L«

für die Lernhindernisse:

16	Manches ergibt keinen Sinn oder es kann nicht wahr sein
20	sich fehlgeleitet oder schlecht informiert vorkommen

Gemeinsames Merkmal:
Vertrauen in das Lernmaterial erschüttert

Ursache:	(wenn die anderen möglichen Ursachen ausscheiden) Tatsächliche Fehler und Ungereimtheiten im Lernmaterial.
Mehr darüber:	Abschnitt 2.2 (Lernmethode und Lernmaterial auswählen);
und:	Abschnitt 4.1.5 (Wichtigkeit und Wahrheitsgehalt von Informationen).
Abhilfe:	Brauchbares Material besorgen und benutzen;
und:	bisher eingeschlichene Fehler durch Vergleich mit altem Material aufstöbern und ausmerzen.
Vorbeugung:	Vor Lernbeginn bereits gut wählen. Aber: Oftmals kommt man erst mit wachsendem Wissensstand hinter die Mängel.

Lernhilfe »M«

für das Lernhindernis:

18	bei Vorträgen/Vorlesungen nicht mitkommen

Gemeinsames Merkmal:
Schwierigkeiten, über Verständnislücken zu folgen

Ursache:	Fehlende Möglichkeit, sich nicht ganz verstandene Begriffe klarzumachen.
aber auch:	Fixierung darauf, daß ohne Klarstellung der große Nebel beginnt.
Mehr darüber:	Abschnitt 4.1.1 (»Begriffe richtig begreifen«); Abschnitt 5.6 (»Mehr aus Vorlesungen und Vorträgen gewinnen«).
Abhilfe und Vorbeugung:	Sich damit abfinden, daß nicht alle Verständnislücken sofort geschlossen werden können;
und:	Wichtiges notieren (wo möglich);
und:	Manuskript besorgen und zum nachträglichen Klären benutzen (wo möglich);
und:	vorher mit der Sache vertraut machen und wichtige Begriffe vorher definiert bekommen;
und:	Möglichkeit der Rückfrage nutzen;
und:	darauf vertrauen, daß auch das nicht sofort Verstandene gespeichert wird.

Lernhilfe »N«

für das Lernhindernis:

19	mit Wörterbüchern und Lexika nicht zurechtkommen

Merkmal:
Schwierigkeiten mit Nachschlagewerken

Ursache:	(ein gutes Werk vorausgesetzt) Gebrauchshinweise des betreffenden Nachschlagewerkes nicht oder nicht sorgfältig studiert.
Mehr darüber:	in dem betreffenden Buch.
Abhilfe und Vorbeugung:	Benutzerhinweise gründlich durcharbeiten, erst das versetzt Sie in die Lage, die Erläuterungen ganz zu verstehen und die (oft verschlüsselten) Informationen auszuschöpfen.

8 Hintergründiges zum Thema Lernen

8.1 Lernen – die lebensbestimmende Aufgabe

Lernen ist Leben

Alles das, was wir in diesem Augenblick tun können, haben wir irgendwann einmal gelernt. Um fähig zu werden, diese Sache anzuwenden, mußten wir uns mit ihr vertraut machen, sie erlernen. Um unser Leben führen zu können, müssen wir bestimmte Dinge tun können. Leben setzt demnach Lernen voraus.

Das Leben selbst besteht aus Erleben und Erfahren, und das ist auch eine Aufnahme und Verarbeitung neuer Dinge und damit wieder Lernen.

Wer glaubt, eine Sache oder ein Gebiet zu beherrschen und darüber bereits alles zu wissen, hat aufgehört, hierin noch besser zu werden. Wer sich weiterentwickeln will, braucht die Bereitschaft zum Lernen.

Man weiß heute, daß es Begabung, Talent und Intelligenz in ererbter, naturgegebener oder angeborener Form nur in sehr beschränktem Umfang gibt. Diese Eigenschaften kann der Mensch erwerben, also lernen.

Durchschnittsmenschen von heute können und wissen das, was vor Hunderten von Jahren noch der Wissensschatz der Experten und Gelehrten war. Wir haben uns weiterentwickelt und werden es auch in Zukunft tun, und die Grundlage dafür war und ist Lernen. Leben und lernen sind untrennbar miteinander verbunden, ja, sie setzen sich gegenseitig voraus.

Wenn das Lernen ein so elementarer Bestandteil des Lebens ist, dann werden uns doch wohl die Fähigkeiten dazu in die Wiege gelegt? Ja und nein!

Für das kindhafte Lernen per Imitation im ersten Lebensabschnitt sind wir gut gerüstet, das wäre das »Ja«. Oft schon in der Schule, meist aber beim Studium und erst recht bei der Erwachsenenbildung stoßen wir dann zunehmend auf Schwierigkeiten bei der Wissensaufnahme, und sei es nur die, daß uns der Unterricht so zäh erscheint.

Die Wissensgebiete dehnen sich durch neue Erkenntnisse ständig aus – das Menschheitswissen verdoppelt sich derzeit alle 20 Monate –, und es kommen ganz neue Teilgebiete hinzu. Das macht die Wissensgebiete zum einen umfangreicher, zum anderen werden lerngerechte Strukturen – wenn es sie schon einmal gibt – ständig überholt.

Auf diese Dinge haben wir uns einzustellen. Wir müssen uns hüten, neues Wissen auf eingefahrenen Schienen aufzunehmen, also ohne die Methoden und Lerneffektivität zu überdenken. Um das gewaltige, tief strukturierte Wissen eines ganzen Gebietes zu erfassen, müssen wir planvoll vorgehen, wollen wir uns nicht verzetteln. So müssen wir uns den ordnenden Gesetzen und begrenzenden Regeln besonders widmen, um nicht im Detail zu scheitern.

Stellen wir uns die Aufnahme von Wissensgebieten bewußt als Lernaufgabe, dann haben wir fast einen Garantiescheck für ein Mehr an Lernerfolg und Lernfreude, also an Lebensqualität.

☞ **Stellen wir uns eine geplante Wissensbereicherung bewußt als Lernaufgabe – quasi als ein Problem, das es zu lösen gilt.**

8.2 Informationsverarbeitung – rein menschlich

8.2.1 Wir können denken

Als einziges Lebewesen auf diesem Planeten besitzen wir Menschen die Fähigkeit des Denkens. Damit ist gemeint, daß wir nicht nur Handlungen in die Wege leiten, sondern auch Konzepte entwerfen können. Darin unterscheiden wir uns vom Tier. Ein Eichhörnchen zum Beispiel wird sich aufgrund eines vorausfühlenden Impulses einen Wintervorrat anlegen, vielleicht wird es sogar die Strenge des Winters vorausahnen und die Nahrungsmenge danach ausrichten, aber es wird nicht den künftigen Lebensablauf planen, erst recht nicht für den übernächsten Winter handeln können.

Unser Denksystem ist außerordentlich vielschichtig, folgt dabei aber strengen logischen Gesetzen. Die Ergebnisse unseres Denkens sind – subjektiv gesehen – immer »richtig«. Auch wenn eine bestimmte Handlung in den Augen anderer oder in der eigenen Rückschau falsch erscheint, in dem entscheidenden Augenblick war sie für den Handelnden die beste Lösung in dieser Situation.

Man kann es anders ausdrücken: Wir sind so programmiert, daß wir immer »richtig« handeln. Richtig, das heißt nach den Gesetzen der Vernunft. Wir können jede Tat rechtfertigen, wir »fertigen« unser »Recht« zu dieser Tat. Selbst ein Straftäter hat für seine Tat einen zwingenden Grund, er handelt augenblicklich folgerichtig. Diese Gesetzmäßigkeiten gelten für alle, Intelligente wie Dumme, Wissende wie Unwissende.

Ein weiteres Funktionsgesetz läßt immer das Wichtigere siegen, also das, was dem Individuum in diesem Moment nützt, seinem Überleben dient, es aus einer Zwangslage befreit, ihm Vorteile einbringt, es sich wohl fühlen läßt, seine Begierde stillt oder sein Pflichtgefühl erfüllt. Das geht nicht immer bewußt, allzuoft regieren Bestimmungsfaktoren aus dem Unbewußten. Trotzdem ist keine der Abertausende von Entscheidungen, die wir täglich treffen, falsch. Es gibt eine für diesen Moment gültige Rangfolge der Wichtigkeiten, und danach wird entschieden. Die daraus entstehenden Situationen können recht angenehm sein, aber, wie wir ständig erfahren müssen, uns auch Schwierigkeiten bereiten.

Fast wie ein Computer – nur besser

Schaut man sich die Funktionen beim Lernen genauer an, so ist eine Ähnlichkeit zwischen dem Menschen und dem Computer nicht zu leugnen. Vielleicht können wir deshalb mit einem Vergleich beider Systeme mehr Klarheit schaffen:

Funktionsgruppen	
Mensch	*Computer*
Denksystem (Gehirn und andere Zellensysteme, Fähigkeiten)	Zentraleinheit (Hardware, Betriebssystem, Anwendungsprogramm)
Wahrnehmungsorgane (z. B. Augen)	Input-Systeme (z. B. Tastatur)
Mitteilungsorgane (z. B. Sprechorgane)	Output-Systeme (z. B. Drucker)
Gedächtnis (Gehirn und andere Zellensysteme), bewußter und unbewußter Teil	Speicher (z. B. Festplatte)
Konzeptionelles Denken und Handeln/Planen	–

Wir sehen einen Unterschied, der klein scheint, aber das Wesentliche markiert: Der Mensch kann Dinge tun und denken, die nicht schon von jemandem vorgedacht oder konzipiert sind, er kann sich Dinge vorstellen und in Alternativen denken. Damit verfügt er über das entscheidende Plus gegenüber dem Computer.

Input/Output – Die wundersamen Möglichkeiten menschlicher Kommunikation

Augen und Sehen, Ohren und Hören, Nase und Riechen, Gaumen und Schmecken, Haut und Fühlen, das sind die Zuordnung unserer Organe zu ihren Wahrnehmungsfunktionen. Mancher rühmt sich gar telepathischer Fähigkeiten, also Sende- und Empfangsmöglichkeiten jenseits von verbaler Kommunikation, Gestik und Mimik. Wenn wir darunter das Vermögen verstehen, Informationen in Form von Schwingungen zu empfangen und zu verstehen, dann gehört dieser »Kanal« auch zum Spektrum menschlicher Kommunikationsmöglichkeiten.

Hier muß der Computer vor Neid erblassen. Nicht minder hat der Mensch beim Output die Nase vorn: Neben den Sprechwerkzeugen bietet die Körpersprache unbegrenzte Möglichkeiten der Informationsübermittlung. Und: Auch hier auf der Ausgabeseite dürfen wir natürlich den telepathischen »Kanal« nicht außer acht lassen.

8.2.2 Wir denken und verarbeiten

Das Denksystem ist die Schaltzentrale für den Fluß der Informationen, aber auch für deren Auswertung und Reaktionen darauf. Es ist immer in Aktion, auch im Schlaf und in Narkose. Das Denksystem

- verarbeitet Wahrnehmungen,
- setzt Absichten in Handlungen um,
- befördert die Informationen in den Speicher,
- ruft Speicherinhalte ab,
- empfängt Re-Stimulationsreize, befördert sie in den Speicher,
- setzt Reaktionen des Speichers in Handlungen um, und es
- formuliert und fixiert Zielsetzungen.

Unser Denksystem ist also der Chefschreibtisch, über den alle Daten laufen müssen. Es bestimmt als unser Handlanger, was für Schlüsse daraus zu ziehen sind, und wie agiert oder reagiert wird.

Die hauptsächlichen Regeln und Gesetzmäßigkeiten, unter denen der Betrieb abläuft, lauten:

1. Wir denken in Bildern, und zwar in bewegten. Je intensiver, je deutlicher und je detaillierter die Bilder, desto intensiver denken wir. Je intensiver wir denken, desto wichtiger und bedeutungsvoller erfolgt die Speicherung der Bilder und desto leichter erinnert man sich.

2. Emotionen laufen über das Denksystem, auch, wenn es nicht den Anschein haben mag. Das gilt auch dann, wenn eine spontane Handlung im Spiele ist (z. B. Schlag auf den Körper – Schmerzimpuls – Schrei des Geschlagenen).

Was wir deshalb beim Lernen beachten sollten:

- **sich ein Bild machen von dem, was wir lernen**
- **wenn möglich, den Gegenstand anfassen und damit umgehen**
- **wenn nicht möglich, sich die Sache demonstrieren oder zumindest ein Bild oder eine Skizze machen**
- **mehrere Beispiele machen**

8.2.3 Wir speichern auf »Nimmerwiedervergessen«

Hier regieren Gesetze

Unser Gedächtnis dient dem Aufbewahren von Informationen und Auswertungen dazu. Im wesentlichen findet diese Speicherung in unserem Gehirn statt, und zwar in Bildern. Sie werden vom Denksystem in den Speicher übertragen.

Die hier bestimmenden Regeln und Gesetze sind:

1. Alles wird gespeichert

Von diesem »Alles« ist nichts, aber auch gar nichts auszunehmen, auch nicht die Phasen des Schlafes und der Bewußtlosigkeit. Der Körper braucht Regenerationszeiten, Speicher und Denksystem dagegen nicht.

2. Wir besitzen einen »inneren Kalender«

Die Informationen werden gemäß ihrer zeitlichen Struktur abgespeichert.

3. Wichtigkeit und Bedeutung werden festgestellt

Jeder Information wird die Bedeutung und Wichtigkeit »angeheftet«, die sie bei ihrem Empfang beigemessen bekommt. Die ihr vom Denksystem verpaßte Bedeutung wird dann Bestandteil der Speicherung, ebenso die dort erkannten Verknüpfungen zu bereits vorhandenen Speicherinhalten. Je wichtiger die abgespeicherte Information, desto leichter die Abrufbarkeit.

4. Es besteht ein Verknüpfungsnetz

Schon beim Abspeichern der einzelnen Informationen sind vom Denksystem zwischen bestimmten Inhalten Bande geknüpft worden. Hierbei spielen Ähnlichkeiten in bezug auf Thema, Personen und Ereignisse die führende Rolle.

5. Der Zeitfaktor spielt hinein

Die folgende Abbildung macht deutlich, daß die Speicherinhalte im Laufe der Zeit tiefer ins Unbewußte versinken. Damit nimmt das ab, was wir mit Erinnerungsvermögen oder Abrufbarkeit bezeichnen.

6. Wirkliches Vergessen gibt's bei uns nicht!

Ein »Vergessen« im Sinne von »verloren« oder »ausgelöscht« gibt es nicht, alles ist noch »da«.

7. Im Speicher stehen Bewußtes und Unbewußtes

Der Speicher besteht aus zwei Abteilungen: dem bewußten (analytisch verfügbaren) und dem unbewußten (auf

Reiz reagierenden). Das Präsentieren der Speicherinhalte geschieht auf bewußten Abruf (»Wo war ich vor drei Jahren im Urlaub?«) oder durch unbewußte Re-Stimulation (»Immer wieder muß ich an den schrecklichen Unfall vor 15 Jahren denken!«). Mehr dazu unter der Überschrift: »Mehr über die Zwiespältigkeit des Speichers« in diesem Kapitel.

Schema des menschlichen Speicherverhaltens (»Behaltenskurve«)

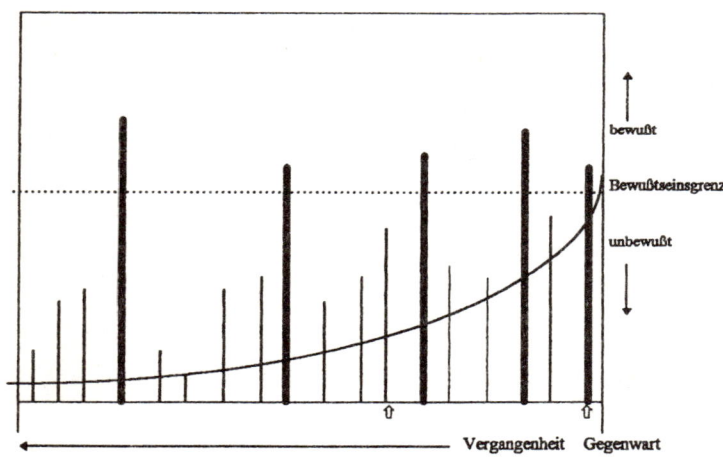

Erläuterungen:

* Die starken Säulen stehen für bedeutende Ereignisse, die bewußt sind und an die man sich erinnern kann (der USA-Urlaub vor fünf Jahren, das bestandene Examen vor 20 Jahren).
* Die dünneren Säulen daneben sollen Ereignisse darstellen, an die man sich nicht bewußt erinnern kann. Sie sind entweder
    – so stark mit Spannung (Aufregung, Schmerz usw.) geladen, daß sie mit einen Schutzpanzer gegen bewußte

156

Betrachtung abgeschirmt sind; allerdings kann ein re-stimulierender Reiz von außen (Ereignis mit ähnlichen Speicherelementen, z. B. das Vorbeikommen an einem Autounfall) für akute Aufregung sorgen;
- oder weniger bedeutend sein und/oder so weit zurückliegen, daß man es nur in entspannter Besinnung oder mittels gezielter Rückführung aus dem Speicher »heben« kann.

• Die beiden markierten Säulen (⇧) betreffen dasselbe Ereignis; durch Re-Stimulation ist es wieder bewußt geworden.

• Die Fläche unter der Kurve repräsentiert die Menge der völlig unbedeutenden, kaum re-stimulierbaren Ereignisse (z. B. die Farbe des Hemdes, das der Fahrer des von uns vor drei Jahren benutzten Stadtbusses trug).

Mehr über die Zwiespältigkeit des Speichers

Unseren Speicher müssen wir in zwei Abteilungen gliedern:

• einen **analytischen** Teil, er enthält die Dinge, an die wir uns bewußt erinnern und mit denen wir frei und unbehelligt umgehen können, und

• einen **reaktiven** Teil, er enthält die Dinge, die mit Spannung aufgeladen sind und die wir nicht ohne Beeinflussung benutzen können.

Der größere Teil ist - leider - nicht so umgänglich, wie wir uns das wünschen können. Beladene Inhalte sind mit ähnlichen Erlebnissen untereinander verknüpft. Wird das eine wachgerufen, stehen auch die anderen auf dem Plan und verlangen gemeinsam nach bestimmten Reaktionen. Diese werden dann zu »Dringlichkeitsanträgen« an das Denksystem. Frische Wahrnehmungen werden gleich zugeordnet, und das kann zu heftigen Abwehrhandlungen führen. Im Extremfall nehmen wir nur noch das wahr, was unser Speicher ohne Rebellion ablegen kann.

In diesen Gesetzmäßigkeiten ist die Ursache dafür zu suchen, daß wir Menschen mit zunehmendem Alter mehr und mehr in eine Abwehrhaltung gehen. Wir sitzen in einem Schema fest, das dieses (noch) zuläßt und jenes nicht mehr. Wir beurteilen die gegenwärtige Situation nicht nach unseren objektiven Erfahrungen und mit unserer natürlichen Problemlösungsfähigkeit, sondern nach alten gespeicherten Mustern. Schuld daran sind Prägungen und Gewohnheiten, die sich im Laufe unseres Lebens eingenistet haben.

Eigentlich sollte der Speicher unser Diener sein, ein pflichtbewußter Angestellter, der seine Fähigkeiten zu unserem Wohlergehen bereitstellt. Doch er ist ein manchmal unbotmäßiger Butler mit lästigen Eigenheiten. Er liefert Dinge, die oft so ganz und gar nicht in die Situation passen, und er scheint dabei nur ein übergeordnetes Ziel zu verfolgen: nämlich das, sich selbst zu erhalten. Er sucht das Denksystem zu beeinflussen, so zu handeln, »wie wir es schon immer gemacht haben« (»Fliegen ist zu gefährlich!« – »Männer wollen nur das eine!«). Statt in der gegenwärtigen Situation so zu handeln, wie es sinnvoll wäre, reagieren wir auf der Grundlage eines alten Speicherinhaltes – »Bei Seereisen wird mir immer übel!« Natürlich ist das der zielstrebige Weg zum greisenhaften Starrsinn.

Doch damit gibt sich Butler Speicher noch nicht zufrieden. Er geht noch ein Stück weiter und beeinflußt über das Denksystem sogar die Wahrnehmungen. Wenn etwas unserem Speicherinhalt zuwiderläuft, wollen wir die neue Information gar nicht wahrhaben oder wir fälschen sie vor der Ablage. Da spricht uns ein Nachbar, der uns mit seinen nächtlichen Geräuschen seit Jahren terrorisiert, auf einmal freundlich an. »Das darf doch nicht wahr sein!« – »Da steckt doch bestimmt eine böse Absicht dahinter!« Das ist der Speicher! »Ich kann Geranien nicht ausstehen!« Geht der so redende Mensch an einem geraniengeschmückten Balkon vorbei, wird er sich möglicherweise nicht erinnern können, dort überhaupt Blumen gesehen zu haben.

Ursache sind unangenehme Ereignisse, die mit spezifischen Emotionen verklammert sind. Wir erinnern uns: Emotionen sind zwar Gefühle, aber nicht frei, sondern von einem Verhaltensmuster angetrieben und deshalb zwanghaft. Obwohl diese Speicherinhalte wegen ihrer innewohnenden Bedrohung und Aufregung eine hohe Bedeutung für uns haben, können wir uns trotzdem nicht bewußt an sie erinnern. Entweder sie kapseln sich ab, offenbaren sich nur in »ungefährlichen« Bestandteilen, oder aber sie präsentieren sich geschönt, also verfälscht. Diese Erscheinung gründet auf ein Schutzsystem des Individuums. Wir verpacken Bedrohliches und verstecken es, damit es uns nicht zu nahe kommen kann, natürlich automatisch und unbewußt. Das »Schonprogramm« hat aber leider einen Fehler: Der bewußten Erinnerung verschließt es sich, läßt aber Reizimpulse zu seinem Thema durch. Die wiederum re-stimulierten die gespeicherten Emotionskräfte, die dann vehement und ungehindert ins Denksystem schlagen.

☞ **Beim Lernen sollten wir beachten:**

- **Speicherinhalte, die das Lernen blockieren, betrachten und deren Wirksamkeit brechen.**
- **Mit Bewußtsein Gewohnheiten aufspüren und in Frage stellen, dann den Blickwinkel ändern und andere Betrachtungsweisen zulassen.**

8.3 Unser Gehirn und seine zwei ungleichen Hälften

Unglaublich fähig

Über das menschliche Gehirn haben die Forscher schon einiges herausbekommen. So wissen wir um die rund fünfzehn Milliarden Zellen dort und um die etwa tausend Nervenfasern je Zelle. Jede dieser Zellen ist mit diesen Fasern quasi als Leitungen mit anderen Zellen in Verbindung. Zwar hat jede Körperzelle die Fähigkeit, Informationen zu »behalten«, die Zentrale mit den »höheren« Aufgaben ist jedoch das Hirn.

Hier soll uns nur die Tatsache beschäftigen, daß es zwei Hälften mit unterschiedlichen Eigenschaften gibt:

Links		Rechts
Rationalität: Logik-Verstand-Berechnung	←→	Intuition: Verzicht auf rationale Basis, Entscheidungen und Beurteilungen
Lineares Denken: verkettete Gedanken, eins aus dem anderen hervorgehend	←→	Ganzheitliches Denken: auf einmal erfassen, nimmt Muster und Strukturen wahr
Verbalität: Benutzt Wörter, Bezeichnungen, Definitionen, Beschreibungen	←→	Nonverbalität: verinnerlicht Dinge
Analytik: Zergliederung	←→	Synthetik: Zusammenfügung zum Ganzen
Symbolik: Symbolbenutzung	←→	Konkretheit: Bezug auf tatsächliche Dinge
Zeitbezug: sequentiell	←→	Kein Bezug zu Zeit: Kein Zeitgefühl, Reihenfolge nicht durch Zeit bestimmt

Was diese Dinge für unser Lernen bedeuten

Um über das erworbene Wissen möglichst lange, möglichst rasch und sicher verfügen zu können, sollten beide Seiten des Gehirns an Verarbeitung und Speicherung beteiligt sein. Das macht deutlich, warum solche Dinge wie Üben und Demonstrieren so nützlich sind.

 Auch bei der Nutzung der Hirnhälften sollte Gleichgewicht angestrebt werden.

8.4 Der Lernprozeß aus Sicht der Kommunikation

Zwei Positionspunkte

Im Kommunikationsprozeß gibt es grundsätzlich zwei Positionspunkte: den Sender und den Empfänger. Beim Lernen stehen sich da gegenüber:

- als Sender einmal Lehrer, Meister, Vortragender usw., daneben aber auch die Lernmittel in Wort, Bild und Ton, also Bücher, Filme, Fotos, Sprachaufzeichnungen, Musik usw., und
- als Empfänger Schüler, Studenten, Kursabsolventen, Zuhörer, also schlechthin jeder, der Informationen aufnehmen will oder soll.

Kommunikationsfluß

Damit Kommunikation zum Fließen kommt, muß zwischen Sender und Empfänger eine Interaktion zustande kommen, und die sieht theoretisch so aus:

1. Der Sender vergewissert sich, daß der Empfänger aufnahmebereit ist.
2. Der Sender übermittelt die Information an den Empfänger.

3. Der Empfänger nimmt Information auf.
4. Der Empfänger gibt dem Sender zu verstehen, daß Information angekommen ist (Rückkopplung).
5. Der Sender stellt fest, daß Information beim Empfänger angekommen ist.

Kommunikation ist Energie, deren Fluß entsprechend den herrschenden Gesetzmäßigkeiten vollzogen werden will. Ungeschicklichkeiten und Fehler können Folgen haben. Hauptsächlicher Fehler: Der Empfänger läßt den Schritt 4 aus und bestätigt nicht. Der Empfänger weiß nun nicht, ob seine Information richtig oder überhaupt angekommen ist, wiederholt vielleicht seine Kommunikation oder redet weiter. Zumindest fühlt er sich nicht wohl bei der Kommunikation.

Hierzu einige Beispiele:

• Manchmal kann man in einem Restaurant beobachten, daß die Bedienung einen Gast bei der Bestellung im unklaren darüber läßt, ob er gehört und verstanden worden ist. Kommt das Steak nun wirklich »medium«?

• Die Zuhörerschaft in einem Vortrag läßt den Redner im unklaren darüber, ob seine Worte im ganzen Saal verstanden werden. Auf seine Fragen reagiert keiner.

• Zwei Freundinnen haben sich viel zu erzählen. Solange die eine redet, hört die andere nur zu, um einen günstigen Punkt zum Einhaken zu erwischen, um dann selber ihren Redeschwall fortzusetzen zu können. Viele Informationen kommen da sicher nicht beim jeweiligen Empfänger an, doch eines bestimmt: das Gefühl, nicht viel Verständnis gefunden zu haben.

Es ist uns vielleicht nicht so bewußt, wie wichtig der Schritt des Bestätigens ist. Deshalb suchen auch viele Vortragende – nicht die schlechtesten – nach Bestätigung in der Zuhörerschaft durch Interaktion.

Wir müssen beim Kommunikationsfluß vielleicht nach Parallelen suchen, um das Bild klarer zu sehen: Auch mit einem fließenden Wasserstrom und seinem Energiepotential kann man nicht beliebig umspringen, denn gegen naturwidrige Handhabung wird der sich zur Wehr setzen.

Kommunikationsfluß beim Lernen

Natürlich fehlt beim Lernen oft die Person des Senders. Statt dessen haben wir es z. B. mit einem Buch zu tun. Aber selbst hier kommt ein Informationsfluß zustande, wenn auch nur in einer Richtung. Hierbei ist es nun ganz wichtig, die fehlende Rückkopplung zum Sender, die auch dem Empfänger das Ende eines Kommunikationszyklus signalisiert, zu ersetzen. Das geschieht dadurch, daß er sich den abgelaufenen Schritt bewußt macht. Lernen in Portionen und auf Zwischenziele gerichtete Wissensaufnahme sind deshalb erforderlich.

Zusätzlich sollte in kürzeren Abständen ein gedanklicher Bestätigungsschritt erfolgen. Das geschieht glücklicherweise meistens, wenn auch unbewußt. Trotzdem soll es an dieser Stelle erwähnt werden, um es Ihnen ins Bewußtsein zu rücken.

Was passiert, wenn kein Lehrer dabei ist

Wenn das Lernmaterial einziger Kommunikationspartner des Lernenden ist, stellt sich die Situation im Vergleich wie in der Tabelle auf Seite 164 dar:

	mit Lehrer	*mit Material*
1.	Aufnahmebereitschaft feststellen	Richtige Einstellung zum Lernschritt sicherstellen
2.	Übermittlung Sender an Empfänger	Autor hat Material produziert
3.	Empfänger nimmt Informationen auf	Erfassen der Informationen aus Lernmaterial
4.	Empfänger bestätigt dem Sender den Empfang	Empfänger bestätigt sich den Erhalt der Information/ des Wissens selbst
5.	Sender nimmt Bestätigung wahr	

 Beim Umgang mit Energie wollen die Gesetzmäßigkeiten beachtet werden. Bei der Informationsübermittlung im Lernprozeß fließt auch Energie, nämlich die der Kommunikation.

Stichwortverzeichnis

Anhang I
Kontaktadressen A

Zu Kapitel 3.2
(»So schafft man günstige Lernbedingungen«)
Anbieter von Kursen und Unterweisungen zur Entspannung
wie Autogenes Training, Yoga, Entspannungsgymnastik:
Volkshochschulen und private Anbieter
in fast allen Städten

Zu Kapitel 4.3.1
(Superlearning und andere Lernmethoden auf der Grundlage
besonderer Entspannung)
Volkshochschulen und private Anbieter
in fast allen Städten

Zu Kapitel 5.4
(»Informationsaufnahme und Gedächtnis trainieren«)
Anbieter von Trainingsmaterialien für das Gedächtnistraining:
Gesellschaft von Gehirntraining e. V.
Postfach 14 60
85560 Ebersberg

Zu Kapitel 6.1
(»Was es mit dem Lerntyp auf sich hat«)
Anbieter eines Lerntyptests (nach Cornelia Siegmann):
Privat College Siegmann
Schwabstraße 130
70193 Stuttgart
Tel. 07 11/22 14 14
Fax 07 11/2 26 56 95

Zu Kapitel 8
(»Hintergründiges zum Thema Lernen«)

Anbieter von Arbeitskreisen zur persönlichen Weiterentwicklung mit dem Schwerpunkt des bewußten Agierens statt unbewußten Reagierens:

Freundeskreis Seminare
Peter Schieweck
Kelkheimer Straße 28A
65843 Sulzbach
Tel. 0 61 96/7 36 31
Fax 0 61 96/7 38 98

Anbieter von Kursen und Seminaren zur Verbesserung der Kommunikation im allgemeinen sowie in der Wahrnehmung

Volkshochschulen
in fast allen Städten

Hinweis:

Auf dem Gebiet der persönlichen Entwicklung tummeln sich viele Anbieter von Kursen, Seminaren und Vorträgen. Sorgfältige Auswahl ist sehr zu empfehlen. Man könnte sonst ungewollt (zum Beispiel über einen Kurs zur Verbesserung der Kommunikation) zum Mitglied einer Organisation mit weitreichenden Verpflichtungen werden. Es ist nichts dagegen zu sagen, wenn einer dort bewußt einsteigen will. Wer sich aber davor schützen möchte, unbeabsichtigt – zum Beispiel über eine Unterorganisation – dort hineinzugeraten, sollte sich gut informieren. Im Falle der gegenwärtig in die Kritik geratenen Scientology-Organisation mit ihren zahlreichen Untergruppierungen sind klärende Informationen erhältlich bei:

Schutzgemeinschaft Robin Direkt e. V.
Postfach 44
89282 Pfaffenhofen

Anhang II
Literaturhinweise

Zu Kapitel 2.2 Lernmethode und Lernmaterial auswählen

Deutsch-deutsche Wörterbücher

DUDEN: *Das große Wörterbuch der deutschen Sprache*, 8 Bände. Ausführliche Definitionen mit Beispielen; Dudenverlag, Mannheim/Leipzig/Wien/Zürich

DUDEN: *Band 10 – Bedeutungswörterbuch.* Worterklärungen, Anwendungsbeispiele, Bilder; Dudenverlag, Mannheim/Leipzig/Wien/Zürich

DUDEN: *Band 5 – Fremdwörterbuch.* Definitionen, Beispiele; Dudenverlag, Mannheim/Leipzig/Wien/Zürich

WAHRIG: *Deutsches Wörterbuch.* Definitionen mit Beispielen; Mosaik Verlag, München

Zu Kapitel 4.2.2 Lernen mit Hilfe des Computers

SCHANDA: *Computer-Lernprogramme*; Beltz Quadriga, Weinheim 1995

SEIDEL/KÜFFNER: *Computerlernen und Autorensysteme*; Verlag Angewandte Psychologie, Stuttgart 1989

Zu Kapitel 4.3.1 Superlearning

BRÖHM-OFFERMANN: *Suggestopädie.* »Sanftes Lernen in der Schule«; Die Werkstatt, Rastatt 1994

MAIER/WEBER: *Erfolg durch Superlearning*; Heyne Verlag, München 1992

OSTRANDER/SCHROEDER: *Das große Buch vom Superlearning – Erkenntnisse, Methoden und Programme*; Scherz Verlag, München 1995

Zu Kapitel 4.3.3 Ergänzende Entspannungsmethoden

TAYLOR: *Die Subliminal-Methode.* Lernen mit dem Unterbewußtsein; Goldmann Verlag, München 1992

Zu Kapitel 4.3.4 Hypnose

REVENSTORF/ZEYER: *Hypnose lernen.* Leistungssteigerung und Streßbewältigung durch Selbsthypnose; Heyne Verlag, München 1994

Zu Kapitel 4.4.2 Mind-mapping

KIRKHOFF: *Mind-mapping;* Gabal Verlag, Bremen
SVANTESSEN: *Mind-mapping und Gedächtnistraining;* Gabal Verlag, Bremen

Zu Kapitel 5.4 Informationsaufnahme und Gedächtnis trainieren

BROST: *Super Jogging für den Kopf;* Herbig Verlag, München 1995
BROTHERS/EAGEN: *In 10 Tagen zum vollkommenen Gedächtnis;* Heyne Verlag, München 1992
SVANTESSON: *Mind-mapping und Gedächtnistraining;* Gabal Verlag, Bremen
–: *Gehirnjogging,* Kopftraining nach der Fischer-Lehrl-Methode; Mosaik Verlag, München 1994
WERNECK/HEIDACK: *Gedächtnistraining;* Heyne Verlag, München 1986
–: *Gedächtnistraining;* Time Life, Amsterdam 1994

Speziell für das Lernen von Sprachen

BIRKENBIHL: *Die Birkenbihl-Methode, Fremdsprachen zu lernen;* mvg, München 1994
KLEINSCHROTH: *Sprachen lernen.* Der Schlüssel zur richtigen Technik; Rowohlt TBV, Hamburg 1992

Zum Thema Lernen allgemein:

BACHMANN: *Das neue Lernen.* Systematische Einführung in NLP; Junfermann, Paderborn 1991